RU DO LF
SE IS IN G

ES
DE NK T
NI CH T!

DI E
VE RG ES SE NE N
GE SC HI CH TE N
DE R
KI

Büchergilde Gutenberg

VORWORT
7

EINLEITUNG
Intelligenz – ein schillernder Begriff
12

KAPITEL 1
Informationsübertragung von ihren Anfängen bis heute,
oder: Was wird eigentlich übertragen?
20

> Zeichen und ihre Bedeutung – Von der Sicht-Telegrafie
> zum Elektromagnetismus – Von der Intelligenz- zur
> Informationsübertragung – Shannons mathematische
> Kommunikationstheorie – Problemebenen der
> Kommunikation – Die Kommunikationstheorie wird
> zur Informationstheorie – Sozial- und Geisteswissen-
> schaftler mischen sich ein – Thinking machines –
> Ein Begriff wird geboren: »Künstliche Intelligenz« –
> Die berühmte Dartmouth-Konferenz

KAPITEL 2
Neuronale Netze, Lernapparate und Mustererkennung,
oder: Wie simuliert man das menschliche Gehirn?
62

> Die Neuronendoktrin des Santiago Ramón y Cajal –
> Bewegungen der Körper: Von Zug und Stoß, Kraft und
> Wellen – Rashevsky ergründet das menschliche
> Gehirn – Ein Logikkalkül für die der Nerventätigkeit

immanenten Gedanken – Die Computermetapher des Gehirns – Die Suche nach einer wissenschaftlichen Theorie der Gehirntätigkeit – Versuche, mithilfe von Computern Gehirntätigkeiten zu simulieren – Muster erkennen – Was für ein Geschrei! – Der hilfreiche Dummkopf oder Das Idiotengehirn und sein Macher – »Zum ersten Mal haben wir eine Maschine, die in der Lage ist, originelle Ideen zu haben.« Wirklich?

KAPITEL 3
Digitale Nachahmung menschlichen Denkvermögens, oder: Was tut der Rechner, wenn er »denkt«?
110

Die Theorien von Heider, Brunswik und Gibson – Der menschliche Geist ist kognitiv – Die »denkende Maschine« des Alan Turing – Starke und schwache Künstliche Intelligenz – Ist unsere Geistestätigkeit reine Informationsverarbeitung?

SCHLUSS
Künstliche Intelligenz – ein sich ändernder Begriff
140

DANK
150

ANMERKUNGEN
153

If this be so, and the presence of electricity
can be made visible in any desired part of the circuit,
I see no reason why intelligence
might not be instantaneously transmitted
by electricity to any distance.

SAMUEL MORSE

VORWORT

Künstliche Intelligenz – KI: Kaum ein Tag vergeht, kaum eine Talkshow wird abmoderiert, kaum eine Zeitungslektüre beendet, kaum ein Smalltalk geführt, ohne dass dieser Begriff in Kurz- oder Langform gefallen ist. Was aber ist KI? Oder besser: Wie kam es zu dem, was Künstliche Intelligenz genannt wird?

Es ist ähnlich wie mit Gott, dem Stein der Weisen, einem guten Leben, einem sicheren Atommüllendlager, dem Weltfrieden und einer sauberen Umwelt: Wir wissen nicht, ob es sie gibt, wir wissen nicht einmal, ob es sie geben kann, aber es sind Ziele, nach denen einige von uns streben, manche sich sehnen, oder bei denen andere Zuflucht suchen.

Solche Fluchtpunkte begleiten unser Leben, und im 21. Jahrhundert ist ein solcher Fluchtpunkt die Künstliche Intelligenz. Was bedeutet dieses Wort? – Wenn ich mich recht erinnere, dann habe ich das Adjektiv »künstlich« erstmals als kleines Kind aufgeschnappt: »Künstliche Niere« hatte meine Mutter während eines Gesprächs mit einer Freundin gesagt, und ich hatte mir ein orangefarbenes, leicht gebogenes Gebilde aus Plastik vorgestellt. Später erfuhr ich, dass es um etwas ganz anderes ging. Die künstliche Niere, von der die Rede war, war keine Niere, hatte nicht einmal eine Nierenform; es war ein medizintechnisches Gerät, das Menschen, deren Nieren erkrankt waren und deshalb teilweise oder ganz versagten, einen lebenswichtigen Ersatz bot. Die künstliche Niere übernimmt anstelle der natürlichen Niere die sogenannte Blutwäsche. Dazu wird das Blut des Patienten durch Schläuche in eine Maschine außerhalb des

Patientenkörpers geleitet, die Giftstoffe und überschüssiges Körperwasser aus dem Blut filtert beziehungsweise entfernt.

Neben ihrer Hauptaufgabe, das Blut zu reinigen, erledigen Nieren noch viel mehr: Sie regeln den Blutdruck des Organismus, seinen Säure-Basen-Haushalt, den Knochenstoffwechsel und die Bildung der roten Blutkörperchen. Diese Funktionen werden nicht von der künstlichen Niere übernommen, sondern von Medikamenten oder anderen Therapien. Weil bei endgültigem Nierenversagen aber nur die Dialyse das Überleben ermöglicht, erhielt die Maschine die Bezeichnung »künstliche Niere«.

Die Medizingeschichte kennt viele weitere Beispiele, die hier angeführt werden könnten: etwa die künstliche Gebärmutter, wie der 1835 von Johann Georg von Ruehl konstruierte Inkubator genannt wurde, künstliche Zähne, wie sie viele von uns haben, oder künstliche Knie- oder Hüftgelenke, die zu vielen Hunderttausenden jedes Jahr allein in Deutschland eingesetzt werden. Die Medizintechnik wird weiter Fortschritte auf dem Gebiet der Prothetik verzeichnen können und die Verheißungen der Biotechnologie klingen fantastisch, sollen doch schon bald Blutgefäße oder Harnröhren, Hohlorgane wie Magen und Blase und schließlich komplizierte Organe wie Herz, Leber und Niere nachgebaut werden können – Letztere dann in noch ferner Zukunft aus dem 3-D-Drucker kommend.

Wie die Niere unter anderem den Blutdruck regelt, so regelt auch das Gehirn wichtige Körperfunktionen. Es ist sozusagen die Steuerzentrale für nahezu alle lebenswichtigen Prozesse im Körper. Der technische Vergleich des Organs Gehirn mit einem zentralen Schaltwerk, in dem die gesamte Kommunikation eines komplexen Systems zusammenkommt, führte bald nach der Konstruktion der ersten Digitalcomputer dazu, diese Maschinen »künstliche Gehirne« zu nennen. Ähnlich wie bei der künstlichen Niere waren es aber auch hier nur einige wenige Gehirnfunktionen, die von Computerprogrammen imitiert wurden und werden: Rechnen, logisches Schlussfolgern, Schachspielen, Verarbeiten von Symbolen, Erkennen von Mustern. Wenn wir Lebewesen und insbesondere Menschen sehen, die so etwas tun, nennen wir sie intelligent. Wir Menschen haben die Fähigkeiten dazu und wir haben weitere kognitive Fähigkeiten, die wir mit den eben genannten unter den Begriff »Intelligenz« fassen. Bis heute ist man sich allerdings nicht einig, was genau darunter zu verstehen ist: Es fehlt eine allgemein gültige Definition.

Wie schwer wir uns mit dem Begriff »Intelligenz« tun, zeigt seine historisch enge Verwandtschaft mit dem Begriff »Information«. Erst im 20. Jahrhundert lösten sie sich voneinander; zuvor sprach man davon, Intelligenz technisch übertragen zu können. Auch die Abgrenzung vom Begriff »Denken« ist schwierig. So wurden die ersten Digitalcomputer schon bald Thinking Machines, im Deutschen »Denkmaschinen«, genannt, was den Begriffswirrwarr noch verstärkte.

Die Ausbildung unserer Fähigkeiten, die wir Intelligenz nennen, ist sicherlich mit unserem Körperorgan Gehirn verbunden, aber es sind Fähigkeiten unseres Geistes, und wir wissen nicht, wie dieser mit unserem Gehirn verknüpft ist. Wir wissen nicht, wie unser Geist aus den Aktivitäten des Gehirns entsteht. Wieso halten wir Menschen uns für intelligenter als andere Lebewesen, und stimmt das überhaupt? Liegt es an den die Intelligenz unserer Meinung nach ausmachenden Fähigkeiten? Könnten auch andere Fähigkeiten intelligent sein, die wir gar nicht besitzen? Wie verhalten sich unsere intelligenten Fähigkeiten zu unserem Denken und unserem Bewusstsein?

Mit dem Aufkommen der Digitalcomputer wurde es möglich, einige solcher Fähigkeiten der Menschen in Maschinen zu imitieren. Gleichzeitig begann eine grundsätzliche wissenschaftliche Beschäftigung mit Gehirn, Intelligenz und kognitiven Prozessen. Die Forschungen zur Imitation der natürlichen Intelligenz im Computer wurde von den US-amerikanischen Wissenschaftlern Artificial Intelligence – »Künstliche Intelligenz« – genannt. Wie kam es dazu? Davon erzählen die Geschichten in diesem Buch.

EINLEITUNG:

INTELLIGENZ – EIN SCHILLERNDER BEGRIFF

Ich möchte, dass Sie diesen Text lesen, aber nicht nur das: Ich möchte, dass Sie ihn verstehen. Ich möchte, dass Sie beim Lesen auf ähnliche, wenn nicht die gleichen Gedanken kommen, die ich beim Schreiben hatte. Der Text dieses Buches, jedes Kapitel, jeder Abschnitt, jeder Satz und jedes Wort haben ihre Bedeutung. Während ich schrieb, habe ich versucht, das Gedachte in meiner Sprache auszudrücken. So ist der Text entstanden, den Sie nun lesen; er ist zwischen Buchdeckeln gespeichert und liegt bereit. Sie können in dem Buch lesen, wann immer Sie wollen, und werden sich Ihrerseits Gedanken machen, beim Lesen und vielleicht auch später. Ob ihre Gedanken dem ähneln, was ich mit diesem Text auszudrücken gedachte, ob Ihr gegenwärtiges Denken den von mir angestrebten Zweck erfüllt, das können wir beide nicht wissen. Die Gedanken sind frei.

Der Text in diesem Buch ist nicht mehr frei. Er ist unveränderlich, er ist zu etwas Starrem geronnen. Er ist so, wie ich ihn geschrieben habe und Sie ihn jetzt und in Zukunft lesen können. Er besteht aus schwarzen Partikeln auf Papier oder bestünde, wäre er ein E-Book, aus Nullen und Einsen im Speicher eines Computers, also in Systemen offener beziehungsweise geschlossener elektrischer Schaltkreise. So oder so besteht der Text aus Signalen oder Zeichen.

Seine Bedeutung ist kein materieller Bestandteil seiner Zeichen, und doch hege ich mit der Veröffentlichung dieses Buches gewisse Absichten: Ich hoffe, Ihnen damit nicht nur einen sich im Regal schön ausnehmenden Gegenstand und die darin gedruckten Zeichen zu übermitteln, sondern vor allem auch deren Bedeutung mitzuteilen. Der Text soll für Sie Bedeutung haben, und diese soll der Bedeutung, die er für mich hat, möglichst nahekommen.

Die Übertragung von Zeichen von A nach B, von Autor zu Leser*in, von Sender zu Empfänger, wird Kommunikation genannt. Das lateinische Verb *communicare* bedeutet im Deutschen etwa »teilen, mitteilen, teilnehmen lassen«, und das lateinische Substantiv *communicatio* wird mit »Mitteilung« übersetzt. Um zu kommunizieren, müssen wir uns zumindest einiger Mittel bedienen, das lateinische Wort für »Mittel« ist *medium*, und ein Kommunikationsmedium ist die Sprache. Durch das vorliegende Buch kommunizieren wir miteinander vermittels der deutschen Sprache – und zwar in ihrer schriftlichen Form. Die Sprachzeichen gelangen dabei als von mir über die Computertastatur ins Textverarbeitungssystem übertragene und dann später im Verlag gedruckte – und damit sowohl gespeicherte als auch übermittelte – Zeichen von mir zu Ihnen, vom Sender zur Empfänger*in. Für den Fall, dass es zu diesem Buch auch ein Hörbuch gibt, wären die sprachvermittelnden Zeichen elektronisch gespeicherte Laute, die durch die Luft zu Ihnen gelangen und so hörbar sind. Würde das Buch verfilmt, dann könnten Drehbuchautor*innen und Schauspieler*innen auch Möglichkeiten nutzen, neben verbalen Elementen nonverbale Kommunikation einzusetzen. Menschen gestikulieren und mimen in praktisch jeder Kommunikationssituation, und in besonderen Fällen werden dazu Verabredungen von Haltungen oder Bewegungen von Körperteilen oder Gerätschaften festgelegt – zum Beispiel die Verwendung von Kellen oder Leuchtstäben beim Einwinken von Flugzeugen oder von Flaggencodes für Schiffe im Hafen oder von Gestik, Mimik, Mundbewegung und Körperhaltung im Falle der Gebärdensprache –, aber immer benutzen wir einen Code, das heißt eine Menge von Zeichen oder Symbolen, deren Sinn durch Verabredung zwischen Sender*in und Empfänger*in geklärt sein sollte.

Offenbar ist die Schrift sowohl Speicher- als auch Kommunikationsmedium, denn eine Speicherung ermöglicht die Kommunikation über Zeiträume hinweg, möglicherweise über sehr große Zeitspannen. Wir können heute noch in alten Büchern und auf Mauern, Statuen oder Gebäude gemeißelt oder in Sarkophage geritzt lesen, was aus der Antike oder späteren Zeiten auf uns kam, und manche heutige Autor*in schreibt nicht nur für Zeitgenossen, sondern auch für Leser*innen in weiter Ferne und/oder naher Zukunft. Neuere Speicher- und Kommunikationsmedien, die es erst seit dem 20. Jahrhundert gibt, sind Magnetband, Schallplatte, CD und DVD und heute alle Arten von Festplatten. Sie können nicht nur Ton-, sondern auch Bild- und Filmträger sein.

Anders als die Schrift beruhen die modernen Medien zur Speicherung beziehungsweise Kommunikation von Tönen auf Prinzipien der Elektrizitätslehre, die vor allem im 20. Jahrhundert zu großen Veränderungen unter anderem in der Unterhaltungsindustrie führten. Neben der auch als Kommunikation interpretierbaren Langzeitspeicherung ermöglichte die Wirkung des elektrischen Stroms aber auch die ganz flüchtige Kommunikation mithilfe technischer Medien, und dies zunächst bei der Telegrafie.

Telegrafieren – Fernschreiben –, etwas in die Ferne schreiben, jemanden, der sich irgendwo in der weiten Welt aufhält, über ein Ereignis informieren oder selbst von jemandem weit Entfernten informiert werden, das konnte vielerlei Vorteile sichern, sogar Kriege entscheiden. Vor der elektrischen Telegrafie hatte man sich optischer und teilweise akustischer Nachrichtenübermittlung bedient, die aber große Nachteile bargen. Mit Rauch- oder Feuerfackelzeichen zu kommunizieren funktionierte bei Nacht besser als am Tag und am helllichten Tag besser als bei Regen, Nebel oder Schneetreiben. Seit dem ersten Jahrzehnt des 17. Jahrhunderts nutzte man zur Erkennung weit entfernter Gegenstände Fernrohre, und in den 1680er-Jahren experimentierte der englische Gelehrte Robert Hooke mit allerlei optischen Geräten: Mit dem Mikroskop studierte er Gewebe und benannte als Erster die biologische Zelle; mit dem Fernrohr beobachtete er den Jupiter und seine roten Flecken – und: »Mr Hooke read a discourse shewing a Way how to communicate one's Mind at great Distances«, verrät uns »The History of the Royal Society of London for Improving of Natural Knowledge...«, herausgegeben von deren damaligem Sekretär Thomas Birch.[1]

Das englische Wort *mind* bedeutet »Geist, Intellekt«, manchmal wird es auch mit »Vernunft, Verstand, Bewusstsein« übersetzt. Webster's Dictionary gibt als erste Bedeutung *recollection, memory* an, was mit »Erinnerung« oder »Gedächtnis« übersetzt werden kann. »To communicate one's mind« bedeutete also, dass das von einem Menschen Gedachte, von ihm geistig Erfasste, einem anderen zu denken, geistig zu erfassen ermöglicht wird. In seinem »Discourset of the Royal Society« für den 21. Mai 1684 schrieb Hooke selbst, dass es möglich sei, Intelligenz von einer erhöhten Stelle zu einer anderen zu übertragen, die in Sichtweite liege.

Der von Birch benutzte Begriff *mind*, aber auch der von Hooke gewählte Begriff *intelligence* erscheinen uns heute als ungewöhnliche Bezeichnungen für das zu Übertragende: Die miteinander korrespondierenden Partner (Männer!) sollen sich auf erhöhte und zueinander in Fernrohrsichtdistanz befindliche Stationen stellen. Zu verabredeten (Pendel-)Uhrzeiten sollen sie zueinander schauen, dann könne der eine die vom anderen gezeigten Zeichen (Buchstaben) sehen, aufschreiben und weitergeben. Zusätzlich würden Sonderzeichen benötigt, die besagen, dass man auf das nächste Zeichen warte, dass das letzte Zeichen nochmals gesendet werden solle, dass der Kommunikationspartner langsamer senden möge etc. Hooke entwarf auch ein erstes Alphabet für derartige »Sicht-Telegrafie«, indem er Punkte und Kommata unterschiedlich anordnete. Mit großem Optimismus hielt er die praktische Umsetzung seiner Erfindung für durchführbar und glaubte, »that the same Characters may be seen at Paris, within a Minute after it hath been exposed at London, and the like in proportion for greater Distances; and that the Characters may be exposed so quick after one another, that a Composer shall not much exceed the Exposer in Swiftness.«[2]

Wenn hier von der Idee gesprochen wurde, *intelligence* oder *mind* zu übertragen, dann waren Zeichen gemeint, mit deren Hilfe Nachrichten vom Sender zum Empfänger gelangen sollten: Buchstaben, Satzzeichen, Sonderzeichen. Weder Hooke noch Birch verwendeten wohl einen Gedanken darauf, dass diese Zeichen verschieden gedeutet, diese Nachrichten unterschiedlich verstanden werden und möglicherweise nicht vorhersehbare Aktionen auslösen könnten. Hooke hatte zwar Menschen im Sinn, wenn er an die Kommunikationspartner dachte, ihre geistigen Fähigkeiten spielten dabei aber wohl keine besondere Rolle. Ihren Verstand mussten sie in dem vorgestellten Setting jedenfalls nicht ausdrücklich bemühen. Den Kommunikationsverlauf stellte er so dar, als würde mit den Zeichen auch gleich deren Bedeutung transportiert, als gäbe es hier eindeutige Beziehungen und als könnte die Bedeutung einer aus mehreren Zeichen bestehenden Nachricht nur die Summe der Bedeutungen der Einzelnachrichten sein.

Wäre dies eine realistische Vorstellung davon, was bei der Kommunikation geschieht, dann wären intelligente Kommunikationspartner nicht vonnöten, denn alles, was zum Verstehen einer Nachricht gebraucht würde, wäre schon in den Zeichen enthalten, und Intelligenz und Verstand wären zwischen den Partnern übertragbar. Etwas zu verstehen wäre dann nicht von geistigen Fähigkeiten abhängig, und Intelligenz wäre keine den Menschen (und anderen Lebewesen) vorbehaltene Eigenschaft, sondern prinzipiell auf alle Systeme übertragbar, die Zeichen übertragen beziehungsweise austauschen können. Wäre, wäre, wäre – an der Wirklichkeit dieser Vorstellung darf wohl gezweifelt werden. Aber um die Bedenken zu begründen, werden Argumente und Belege gebraucht. Mit diesem Buch werde ich zeigen, dass die obige Vorstellung absurd ist, dass Intelligenz nicht technisch übertragen werden kann und dass technische Systeme nicht in dem Sinne wie wir Menschen intelligent sein können.

KAPITEL 1:

INFORMATIONS-
ÜBERTRAGUNG
VON
IHREN
ANFÄNGEN
BIS
HEUTE,
ODER:
WAS
WIRD
EIGENTLICH
ÜBERTRAGEN?

ZEICHEN UND IHRE BEDEUTUNG

Sie und ich würden nicht behaupten, dass wir unsere Intelligenz oder unseren Verstand übertrügen, wenn wir kommunizieren. Weder übertrage ich Intelligenz oder Verstand auf Sie, wenn Sie diesen Text lesen, noch übertragen Sie Verstand oder Intelligenz auf mich, wenn Sie beispielsweise auf mein Buch reagierten und mir einen Brief oder eine E-Mail schrieben. Ob Menschen nun miteinander reden oder wie in einer Talkshow aufeinander einreden, wie früher in der Schule Zettel austauschen, ihre Smartphones zum Telefonieren oder für Instant Messaging benutzen, mailen oder skypen, sie tauschen keine Intelligenz aus, sie übertragen keinen Verstand, sondern Daten beziehungsweise Nachrichten beziehungsweise Informationen. Wieso gebrauchen wir hier sowohl das Wort »Daten« als auch das Wort »Information«? Was sind Daten? Was ist Information? Gibt es da einen Unterschied, eine scharfe Trennung oder eine Grauzone? Werden die beiden Begriffe nicht oft unbedacht synonym benutzt?

Vor einigen Jahrzehnten, als das Internet die Welt eroberte und das World Wide Web die Kulturen der Welt zu prägen begann, sprach man vom Data Highway und von einer sich abzeichnenden Informationsgesellschaft. Der eine Begriff (Daten) stand für die neue technische Infrastruktur, der andere (Information) für die neue soziokulturelle Formation, in der sich die Menschheit wiederfinden würde: Daten sind technische Dinge, Daten sind nicht Information, aber aus Daten wird Information gebildet, und zwar durch intelligente Wesen, wie Sie und ich es sind. Wir nehmen Daten wahr, sie sind das Material, aus dem wir Information kreieren. Diese Fähigkeit kennen wir von uns selbst und wir gehen davon aus, dass unsere Mitmenschen sie auch haben. Sie beruht auf unseren kognitiven Fähigkeiten, die wir Intelligenz nennen.

Intelligenz – das war eine aus dem Mittelalter überlieferte Bezeichnung für geistige Fähigkeiten, zu denken, zu planen, zu erkennen, zu verstehen, einzusehen, geistig zu erfassen und zu lernen. Menschen haben Gedanken und Ideen, sie machen sich Vorstellungen. Wörtlich kommt das vom lateinischen *intellegere*, ein Kompositum aus inter »zwischen« und legere »lesen, wählen«. Es bedeutet daher auch »zwischen etwas zu wählen«, also aus mehreren Möglichkeiten auszuwählen, zu entscheiden. Das lateinische *intellectus* war eine Übersetzung des noch älteren griechischen Wortes *nous*, für das im Deutschen etwa »Geist«, »Intellekt«, »Verstand« oder »Vernunft« stehen können. Intelligenz war ein unscharfer Begriff, und zwar nicht naturwissenschaftlicher Herkunft.

Das Wort Information entstammt ebenfalls dem Lateinischen: Das Verb *informare* bedeutet, etwas zu »formen« oder zu »bilden«. Seit dem späten Mittelalter wurde es im Deutschen allerdings fast ausschließlich im übertragenen Sinne gebraucht und bedeutete dann, jemanden zu »unterrichten« oder zu »bilden«. Das ging weit darüber hinaus, jemandem lediglich Daten zu übergeben.

Wie wir aus Daten Information bilden, ist eine interessante Frage für Neurologen und Psychologen. Stellen wir sie in diesem Buch noch etwas zurück, um uns nicht zu verzetteln!

Kümmern wir uns zunächst darum, was da geschieht. Wenn wir kommunizieren, senden und empfangen wir Daten oder aus Daten zusammengesetzte Nachrichten, die wir für geeignet halten, das zu vermitteln, was wir denken, fühlen, wissen, ahnen oder glauben. Gedanken, Gefühle, Ahnungen und Glaubensinhalte sind aber etwas ganz anderes als Daten. Diese können jene gar nicht gänzlich ausdrücken. Darum suchen wir oft nach den richtigen Worten, darum ringen wir um die beste Ausdrucksweise für das, was wir im Sinn haben. Solche Versuche können große Kunst werden, etwa, wenn Musiker die richtigen Töne treffen oder Maler die richtigen Farben wählen. Was heißt hier »richtig« und was bedeutet hier »treffen« und »wählen«? – Es geht darum, bei unserem Gegenüber die entsprechenden Gedanken, Gefühle anzuregen, zu bewirken. Wir wollen, dass die übertragenen Daten bei unserer Kommunikationspartnerin, bei dem Musikliebhaber im Publikum, bei dem Betrachter eines Bildes oder bei der Leserin eines Romans jene Bedeutung induzieren, die wir damit verbinden. Wenn das gelingt, dann ist Intelligenz im Spiel!

Daten sind abstrakte Objekte, die wir durch Technik realisieren und so zur Kommunikation benutzen können: Zeichen, die wir in Stein ritzen, Buchstaben, die wir auf Papier schreiben, Laute, die wir in die Luft rufen oder mithilfe von Instrumenten erzeugen, Stromkreise, die wir durch das Tippen auf Computertastaturen schließen. Wenn uns solche Zeichen erreichen, dann lesen oder hören wir sie, eventuell können wir Zeichenfolgen auch riechen, schmecken oder fühlen – wir nehmen sie mit unseren Sinnen wahr. Sie lesen gerade diese Zeichen. Sie wissen, wofür sie stehen, denn das haben Sie in der Schule gelernt. Ich habe das auch gelernt, wir kennen Vokabular, Orthografie und Grammatik der deutschen Sprache. Das entspricht einer Verabredung eines Codes zum Kommunizieren.

Ich schreibe »B«, Sie lesen »B« und Sie wissen, es ist der großgeschriebene zweite Buchstabe im deutschen Alphabet. Ich hänge ein »a« an, Sie erkennen es als kleingeschriebenen ersten Buchstaben unseres Alphabets und erwarten weitere Buchstaben, denn bisher erscheint es Ihnen als eine unbekannte oder unvollständige Zeichenfolge, unbedeutend, nicht zu deuten. Sende ich dann zweimal hintereinander ein »l«, so setzen Sie dieses mit »Ba« zusammen zu »Ball«. Der verabredete Code sorgt dafür, dass Sie mit dem Empfang der Zeichenfolge (die wir Wort nennen) auch die Bedeutung dieses Wortes erkennen können, und diese sollte dann auch die von mir gemeinte sein. Sie haben »Ball« gelesen und können davon ausgehen, dass ich dieses Wort auch übermitteln wollte. Wenn Sie in Ihrer Kindheit Teekesselchen gespielt oder sich später mit Sprachen beschäftigt haben, dann haben Sie gelernt, dass es mehrdeutige Wörter gibt und dass es sich bei dem Wort »Ball« um ein solches mehrdeutiges Wort handelt. Ein »Ball« kann ein Spielgerät oder ein Ort zum Tanzen sein, mit »Bank« kann eine Sitzgelegenheit oder ein Geldinstitut gemeint sein. Und vielleicht kann »Bank« auch noch anderes bedeuten; meine Oma fand zuweilen (leider) eine Bank im Backwerk vor, damit meinte sie eine nicht durchgebackene Stelle. – Die Nachfrage meiner Lektorin lässt mich aber vermuten, dass dies keine allgemein gebräuchliche Bezeichnung ist. – Klar ist: Deutung und Bedeutung sind nicht dasselbe! Ich gebe einem Wort eine Bedeutung, dann sende ich es Ihnen. Sie erhalten das Wort und suchen nach seiner Bedeutung. Sie finden eine Bedeutung, und je nach dem Kontext, in dem unsere Kommunikation stattfindet, können Sie mehr oder weniger sicher sein, dass sie mit jener Bedeutung übereinstimmt, die ich im Sinn hatte.

Ohne eine Bedeutung sind Nachrichten keine Information. Zeichen und Nachrichten zu deuten, zu interpretieren, blieb allen technischen Systemen verschlossen. Bis zur Mitte des 20. Jahrhunderts hätte niemand Fähigkeiten, die wir mit dem Adjektiv »intelligent« bezeichnen, einem technischen System zugeschrieben. Keiner hätte einem Automaten, einer Maschine Intelligenz zugesprochen. Heute jedoch sind viele der Meinung, dass es »Künstliche Intelligenz« gibt. Wie kam es dazu? Was genau ist damit gemeint? Ist das sinnvoll? Wieso hat man vor etwa 100 Jahren gedacht, dass man mithilfe technischer Systeme Intelligenz übertragen könnte? Und wieso verschwand diese Ansicht etwa zur gleichen Zeit, als man von »Künstlicher Intelligenz« zu sprechen begann? Die Antwort darauf finden wir in der Geschichte.

VON DER SICHT-TELEGRAFIE ZUM ELEKTROMAGNETISMUS

Die Sicht-Telegrafie von Robert Hooke wurde kein technikhistorischer Meilenstein, aber die Idee, mit Zeichen auf Sicht zu telegrafieren, wurde im 18. Jahrhundert dennoch erfolgreich. »Tachygraf« (Schnellschreiber) hieß die 1791 in Frankreich von Abbé Claude Chappe und seinen Brüdern Abraham und Ignace erfundene Vorrichtung: fünf Meter hohe Holzgestelle mit schwenkbaren Balken, die mithilfe von Seilen und Rollen bewegt wurden. Aufgestellt auf Gebäuden, Türmen oder Hügeln, konnte man die Einstellungen dieser »Flügeltelegrafen«-Station bis zur nächsten, mehr als zehn Kilometer entfernt aufgestellten Station sehen. 1794 standen sie entlang der mehr als 200 Kilometer langen Strecke zwischen Paris und Lille, und wenig später war Frankreich von Norden nach Süden und von Westen nach Osten telegrafenvernetzt.

Schnell war diese Schnellschreiberlinie: Mit einer Geschwindigkeit von 135 Kilometern pro Minute konnten 196 verschiedene Zeichen (inklusive Satzzeichen) übertragen werden. Effektiv war sie auch, konnten doch die napoleonischen Truppen nun sehr viel schneller miteinander kommunizieren. Bald wurden die Telegrafenlinien bis Amsterdam, Mainz und Venedig verlängert und ähnliche Systeme bald auch von anderen Staaten eingeführt. Doch schon wenige Jahrzehnte später galt es als überholt, ohne Transport beziehungsweise Austausch von Materie zu telegrafieren.

Genauer gesagt ging es dabei gar nicht darum, Materie zu transportieren, sondern negative elektrische Ladungen. Elektrische Ladung braucht allerdings Träger, die dann im 19. Jahrhundert entdeckt und benannt wurden. Die kleinsten materiellen Träger für positive Ladungen sind die Protonen, jene für negative Ladungen die Elektronen. Wenn sich elektrische Ladungen bewegen, nennen wir das elektrischen Strom, und man beobachtete nun, dass strömende Ladungen von einem Magnetfeld umgeben sind. Diesen Effekt bezeichnete man mit dem zusammengesetzten Wort »Elektromagnetismus«. Dafür interessierten sich nun auch der berühmte Mathematiker Carl Friedrich Gauß und der mit ihm befreundete Physiker Wilhelm Weber in Göttingen. Elektromagnetisch zu telegrafieren war ein »Spaßfaktor« ihrer Forschungsarbeiten: Weber hatte über den Dächern der Göttinger Innenstadt einen gut 1000 Meter langen Doppelbindfaden gespannt. Er reichte vom Gebäude des Physikalischen Kabinetts nahe der Paulinerkirche über den Kirchturm der Johanniskirche und das Accouchierhaus bis zur Neuen Sternwarte, wo Gauß arbeitete. An dem Bindfaden hing ein sehr dünner Silberdraht, durch den Strom fließen konnte. Am 13. Juni 1833 schrieb Gauß an Alexander von Humboldt: »Die Wirkung ist sehr imponierend, ja sie ist jetzt zu stark für meine eigentlichen Zwecke. Ich wünsche nämlich zu versuchen, sie zu telegrafischen Zeichen zu gebrauchen, wozu ich mir eine Methode ausgesonnen habe; es leidet keinen Zweifel, daß es gehen wird, und zwar wird mit einem Apparat ein Buchstabe weniger als eine Minute erfordern.«[3]

Was da ging, war Folgendes: Weber schaltete bei sich im Physikalischen Kabinett den Strom ein, der dann durch den gesamten Draht floss, und schon konnte Gauß bei sich in der Sternwarte beobachten, wie sich ein Magnet in der Nähe des Drahtes bewegte. Die beiden »Hobby«-Telegrafierer verabredeten einen Code: Da sich die Stromrichtung mithilfe eines Schalters auch umpolen ließ, konnte der Magnet je nach Stromrichtung nach rechts oder links ausschlagen, und so definierten sie Zeichen, die aus Folgen von jeweils maximal vier Links- oder Rechts-Ausschlägen zusammengestellt waren: Für A wurde ein Linksausschlag festgelegt, für B ein Rechtsausschlag, für C zwei Linksausschläge, für D ein Links- und danach ein Rechtsausschlag, für E zunächst ein Rechts- und dann ein Linksausschlag, für F zwei Rechtsausschläge, für G drei Rechtsausschläge usw. Der Münchner Mathematiker und Astronom Carl August von Steinheil entwickelte dieses System einige Jahre später zu einem Schreibtelegrafen weiter, der die sogenannte Steinheilschrift in kleinen schwarzen Punkten auf ein bewegtes Papierband druckte. Damit konnten die übertragenen Zeichen beim Empfänger gespeichert werden.

VON DER INTELLIGENZ- ZUR INFORMATIONSÜBERTRAGUNG

S-u-l-l-y – fünf Buchstaben, ein Wort vielleicht, aber für Sie hat es noch keine feste Bedeutung. Diese liefere ich Ihnen gern: Die fünf Buchstaben bilden einen Namen, den Namen eines Dampfschiffs, das im Oktober 1832 den atlantischen Ozean überquerte. Es hatte den Hafen von Le Havre einige Tage verspätet verlassen und sollte New York in den ersten Novembertagen desselben Jahres erreichen. An Bord war auch der US-amerikanische Kunstmaler Samuel Finley Breese Morse, der von einer etwa zweijährigen Europareise zurückkehrte. Solche Überfahrten waren alles andere als kurzweilig und so unterhielt man sich mit anderen Passagieren. Da war zum Beispiel Dr. Charles T. Jackson, ein Chemiker und Geologe aus Boston, der gern von naturwissenschaftlichen Experimenten erzählte, etwa, dass elektrischer Strom »sofort jede bekannte Drahtlänge« durchlaufe und dass er selbst über viele Kilometer Länge überall gleichzeitig zu sein scheine. Morse soll unmittelbar daraufhin den Einfall gehabt haben, diese Tatsache zum Telegrafieren auszunutzen, denn er sah keinen Grund, »warum Intelligenz nicht augenblicklich per Strom in jede Entfernung übertragen werden könne«.[4] Das Telegrafiersystem, das er kurz nach der Reise entwarf und baute, benutzte einen Code, der bis heute seinen Namen trägt. Dabei steht für jedes Zeichen eine bestimmte Folge kurzer oder langer elektromagnetischer Impulse, die von genau definierten Pausen getrennt wurden.

Weder Morse noch früher Hooke unterschieden zwischen Nachrichten und Information. Beide hatten diese Worte auch gar nicht benutzt, sondern davon gesprochen, *intelligence* zu übertragen, und waren damit nicht alleine. Dieser Begriff findet sich unzählige Male in der Fachliteratur des 19. Jahrhunderts und – wie wir sehen werden – auch noch später: »The Electric Transmission of Intelligence: And Other Advanced Primers of Electricity« hieß ein 1893 von dem Elektroingenieur Edwin James Houston (1847–1914) geschriebenes Fachbuch, das im ersten Satz »die sehr große Geschwindigkeit, mit der Strom übertragen werden kann« als »besonders geeignet für die schnelle Übertragung von Intelligenz zwischen Punkten, die in vergleichsweise großen Abständen voneinander liegen« erklärt.[5]

Am 9. Februar 1902 wurde von Albert Cushing Crehore und George Owen Squier in Cleveland (Ohio) die *Crehore-Squier Intelligence Transmission Company* gegründet, deren landesweites Telegrafensystem mit einer neuen »art of transmitting intelligence« die »cable communication« zu revolutionieren versprach.[6]

Die damals aus dem Boden sprießenden Unternehmen für Kommunikationstechnologien entwickelten eifrig Telegrafie-, Telefonie- und Codierungssysteme, und mit dem wirtschaftlichen Wettbewerb wurden die Fragen nach Güte, Effizienz und Optimierung dieser Technik interessant. Welches System überträgt mit wie vielen Zeichen bei welcher Geschwindigkeit wie viel – ja wie viel wovon denn? Immer noch bediente man sich des Begriffs »Intelligenz« (*intelligence*): 1924 fragte der aus Schweden in die USA eingewanderte Elektrotechniker Harry Nyquist in einer Studie unter anderem danach, mit welchem Code denn übertragene »Intelligenzmengen« idealerweise dargestellt werden können. Dazu stellte er Messungen der Übertragungsgeschwindigkeit an, die er »speed of intelligence transmission«[7] nannte. Dass diese Messungen unterschiedliche Intelligenzmengen ergaben, postulierte dann sein Kollege Ralph Vinton Lyon Hartley (1888–1970), Leiter einer Forschungsgruppe der *Bell Telephone Laboratories*. Der Radio-Ingenieur stellte im September 1927 auf dem International Congress of Telegraphy and Telephony am Comer See seine Telegrafentheorie vor. In diesem Vortrag sprach er allerdings nicht mehr von übertragener Intelligenz, sondern führte einen neuen Begriff ein, der sich schnell verbreitete und ein neues Verständnis von Kommunikation bot: »Information«. Sein Vortrag war mit »Transmission of Information« überschrieben.

Das klingt nach einem großen Etappensieg oder Wendepunkt in der Technikgeschichte: Nun hieß das Übertragene also Information und nicht mehr Intelligenz. Wer aber glaubt, mit der Einführung dieses neuen Begriffs seien Klarheiten geschaffen worden, der irrt: Die Verwirrung wurde nur noch größer.

SHANNONS MATHEMATISCHE KOMMUNIKATIONSTHEORIE

Der Intelligenzbegriff war und ist unscharf, aber der Informationsbegriff war und ist auch nicht schärfer: Als Hartley die Information zum Grundbegriff seiner Theorie auserkor, schrieb er: »Information is a very elastic term.«[8] Den »term« musste er noch festigen, härten; er wollte ihn rein physikalisch verstanden wissen, es sollte eine quantitativ messbare Größe sein. Was da bisher an geistes- und sozialwissenschaftlichen Aspekten stets mitschwang, störte nur. Hartley forderte deshalb, den Begriff Information von jedem »psychologischen Faktor« zu befreien. Als »psychologisch« bezeichnete man zu jener Zeit im Zusammenhang mit Telefonaten die Faktoren, die dazu führten, dass man Worte und Silben trotz gegebenenfalls undeutlicher Artikulation dennoch richtig verstand. »Psychologische Aspekte« betrafen den Kontext des Gesprächs, und der sollte in Hartleys Theorie keine Rolle spielen. Er ging davon aus, dass das System jedes Zeichen ebenso wie jedes andere überträgt – egal welches Zeichen zuvor oder danach übertragen wurde.

Hartley stellte sich die Nachrichtenübertragung folgendermaßen vor: Zu Beginn muss die zu übertragende Nachricht aus einem Pool von Nachrichten ausgewählt werden. Wie groß ist die Freiheit, eine bestimmte Nachricht auszuwählen? Das hängt davon ab, wie viele Nachrichten im Pool sind. Durch die Wahl bekommt die Information dieser Nachricht einen Wert. Auf diese Weise machte Hartley aus der Information jeder Nachricht eine statistische Größe. Wenn man die Anzahl aller möglichen Nachrichten kennt (sagen wir, es sind sechs) und dann eine davon auswählt, dann ist die Wahrscheinlichkeit für die Wahl dieser Nachricht $1/6$. So hat Hartley die »Information« zu einem Maß für die Freiheit, eine Nachricht aus einem Pool auszuwählen, geschärft.[9]

1941 erhielt der junge Mathematiker Claude Elwood Shannon eine Anstellung in den Bell Telephone Laboratories. Nach seinem Masterabschluss vom Massachusetts Institute of Technology (MIT) hatte er im Vorjahr ein nationales Forschungsstipendium bekommen, mit dem er an das Institute for Advanced Study in Princeton gegangen war. Dort begann er, Hartleys Theorie zu einer allgemeinen Theorie der Übertragung und Umwandlung von Information auszubauen. Diese Forschungsarbeiten wurden als wichtig eingestuft, nachdem die USA am 8. Dezember 1941 in den Zweiten Weltkrieg eingetreten waren, und so untersuchte Shannon an den Bell Laboratories Kommunikationsprozesse auch im Hinblick auf Methoden und Techniken der Nachrichtenverschlüsselung. Seine Ergebnisse konnte er erst nach dem Krieg publizieren: Sein Artikel »A Mathematical Theory of Communication« erschien 1948.[10] Darin findet sich das später nach ihm benannte Kommunikationsschema (siehe Abb. 1): Von der Informationsquelle (*information source*) geht eine Nachricht (*message*) zum Sender (*transmitter*), dieser sendet die Zeichen (*signal*) über den Kanal, der möglicherweise gestört wird (*noise source*), zum Empfänger (*receiver*), weshalb Shannon zwischen dem Zeichen vor dem Kanal und dem empfangenen Zeichen hinter dem Kanal unterschied. Vom Empfänger geht dann eine Nachricht (*message*) zum Kommunikationsziel (*destination*).

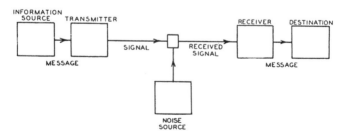

Abb. 1: Das Kommunikationsschema von Shannon (1948)[11]

Dieses Kommunikationsmodell wurde schnell bekannt und bald darauf nicht nur in der Nachrichtentechnik, sondern auch in den Wirtschafts- und Sozialwissenschaften, in der Psychologie und Pädagogik übernommen. Vielleicht hätte dieser doch relativ schwer zu verstehende Text mit seiner berühmten Abbildung nie diese Erfolgsgeschichte geschrieben, wenn nicht der Mathematiker und Wissenschaftsmanager Warren Weaver eingegriffen hätte.

Weaver war von 1932 bis 1957 Direktor der Abteilung für Naturwissenschaften der Rockefeller Foundation. Während dieses Vierteljahrhunderts war er für die Unterstützung vieler naturwissenschaftlicher Forschungsprojekte verantwortlich und prägte die Vergabepolitik der Stiftung außerordentlich, indem er sie auf die nicht exakten Naturwissenschaften ausweitete. So führte er mit Millionenbeträgen ein weltweites Programm zur Unterstützung der quantitativen experimentellen Biologie und Molekularbiologie ein. Andere Fördermaßnahmen, die Weaver anschob, betrafen die Genetik, die Landwirtschaft und die Medizin.

Präsident der Rockefeller-Stiftung war in den Jahren 1948 bis 1952 Chester I. Barnard, ein typischer Selfmademan, der von 1927 bis 1948 als Präsident den Bell Laboratories vorgestanden hatte. In seiner Autobiografie erzählt Weaver von einem Mittagessen mit Barnard, währenddessen dieser ihn gefragt habe, ob er Shannons Artikel über eine mathematische Kommunikationstheorie gelesen habe. Weaver bejahte dies und Barnard fragte nach, ob er ihn auch verstanden habe. Ohne sich des Risikos bewusst zu sein, das er damit einging, antwortete Weaver wieder mit Ja, und Barnard fragte ihn nun, ob Shannons Ideen auch mit weniger schrecklichen mathematischen

Ausdrücken erklärt werden könnten. Wieder bejahte Weaver, und Barnard sagte: »Mach das.«

Weaver machte das in dem Artikel »The Mathematics of Communication«, der im Juli 1949 in der populärwissenschaftlichen Zeitschrift »Scientific American« erschien.[12] Ihr Herausgeber Dennis Flanagan ließ die Notiz dazusetzen, dass im Verlag der Universität von Illinois demnächst ein Buch mit dem Originalartikel von Shannon und einer erweiterten und etwas weniger technischen Version des Artikels von Weaver veröffentlicht werden würde. Das Buch *The Mathematical Theory of Communication* kam ein Jahr später auf den Markt, mit einer Einleitung von Weaver, der dafür seinen Artikel leicht überarbeitet und mit einem neuen Titel versehen hatte: »Recent Contributions to the Mathematical Theory of Communication«.[13]

Das Buch wurde schon bald als eine Art Gründungsdokument für eine neue Ingenieurdisziplin angesehen, die in den 1950er-Jahren als Informationstheorie (*information theory*) reüssierte. Dabei hatte auch Shannon für den Grundbegriff »Information« keine Definition parat. Er übernahm ihn von Hartley. Seine Theorie ist eine mathematische Theorie der Kommunikation. Es geht um die Übertragung von Zeichen und Signalen, aus denen Nachrichten gebildet werden. Shannon sprach von Information nur in Verbindung mit einer »Instanz«, die am Beginn des Kommunikationsprozesses stand und ausdrücklich auch eine menschliche Person sein konnte. Diese Instanz nannte er Informationsquelle (*information source*), und ob überhaupt außer Menschen auch andere Informationsquellen möglich sind, ist eine fundamentale Frage des Forschungsgebietes zur »Künstlichen Intelligenz«.

Was die Informationsquelle an den Sender weitergibt, nannte Shannon eben nicht Information, sondern »Nachricht« (*message*) – und das ist lediglich eine Zeichenfolge. Das gesamte übrige Übertragungssystem operiert ebenfalls nicht mit Information, sondern mit Nachrichten, also Zeichenfolgen: Der Sender kann die Zeichen umformen, damit die Zeichenfolge in Signale für die entsprechende Übermittlungstechnik (des Kanals) übertragbar wird (bei der Telegrafie sind das Punkte und Striche, bei der Telefonie elektrischer Strom etc.). Diese umgewandelten Zeichenfolgen werden über den Kanal an den Empfänger gesendet, der sie wieder in Zeichen der ursprünglichen Art umwandelt und zu einer Nachricht zusammensetzt. So wird die ursprüngliche Nachricht, die von der Informationsquelle ausgewählt wurde, reproduziert. Diese Nachricht wird dann dem Ziel zugestellt, das auch wieder ausdrücklich eine Person sein kann, und schon hier kann eine weitere Grundfrage zur »Künstlichen Intelligenz« gestellt werden: Kann das Ziel auch nicht-menschlich, kann es künstlich sein? Denn das Ziel muss versuchen, die erhaltene Nachricht zu deuten. Es gibt allerdings keinerlei Gewähr dafür, dass es ihm gelingt, mit der Nachricht die gleiche Bedeutung zu verbinden, die die Informationsquelle im Sinn hatte. Die Bedeutung von Nachrichten kann über ein technisches System nicht zuverlässig übertragen werden. Das war aber auch gar nicht Shannons Problem. Sein Problem war die Erhaltung der Zeichen selbst während der Übertragung. Ganz zu Beginn seines Artikels formulierte er dazu sein »Fundamentalproblem der Kommunikation«: Wie kann die an einem Punkt ausgewählte Nachricht entweder exakt oder angenähert an einem anderen Punkt reproduziert werden? Shannon fragte nicht danach, wie die an einem Punkt ausgewählte Information entweder exakt oder angenähert an einem anderen Punkt reproduziert werden könne. Ob die Übertragung von Bedeutung bei der Übertragung von Nachrichten zwischen zwei Instanzen überhaupt möglich ist, thematisierte er schlicht nicht. Entsprechende Anwendungen seiner Theorie in den Geistes- und Sozialwissenschaften fand er *suspect*!

Es ist aber überhaupt nicht suspekt, danach zu fragen, ob und wie genau eine Nachricht mitsamt ihrer Bedeutung, die sie an der Quelle hatte, am Ziel reproduziert werden kann. Es ist doch interessant und vernünftig zu überlegen, warum ein Schild mit demselben Wort »Licht!« vor einem Bergtunnel und am Tunnelausgang steht und warum der Autofahrer im ersten Fall das Abblendlicht einschaltet, im zweiten Fall das Abblendlicht ausschaltet. Dieselben Zeichen(folgen) können an unterschiedlichen Orten oder zu unterschiedlichen Zeiten, in verschiedenen Kulturen, kurz in verschiedenen Kontexten Verschiedenes bedeuten und bewirken.

Erreicht uns eine Nachricht, dann stehen wir vor Entscheidungen: Wie verstehen wir die Nachricht? Wie deuten wir sie? Wie reagieren wir darauf? Was halten wir davon? Was sollen wir tun? Sich für eine Bedeutung zu entscheiden und gegebenenfalls auch für angemessene Reaktionen und Handlungen, ist intelligent. Wir brauchen diese Fähigkeit, um miteinander zu kommunizieren. Dazu nutzen wir Erfahrungen und Kontextwissen und unsere Kreativität, um aus einer empfangenen Nachricht Sinnvolles abzuleiten und Konsequenzen zu ziehen. Das heißt es, aus Nachrichten Information zu bilden, zu informieren. Die Information kommt nicht vom Sender, wird nicht vom Kanal mittels Technik übertragen, erreicht den Empfänger nicht. Nicht Information, sondern Nachrichten werden gesandt, übertragen und empfangen. Die Informationsquelle wählt jeweils eine Nachricht aus mehreren aus, und diese eine Nachricht wird sie senden, freilich können das mehrere und sogar viele hintereinander in einer Folge sein. Das Informationsziel erhält nur diese eine Nachricht (beziehungsweise mehrere hintereinander), aus der sie durch einen kreativen Prozess »Information« bildet.

PROBLEMEBENEN DER KOMMUNIKATION

Weavers einführender Text thematisierte die Schwäche des Grundbegriffs der Theorie »Information«. Dieser bestehe ja nicht nur aus der Komponente »Nachricht«, sondern auch aus den Komponenten Bedeutung und Wirkung. Als Direktor der Abteilung für Naturwissenschaften der Rockefeller-Stiftung, die damals Fördergelder für viele Forscher unterschiedlicher Disziplinen bewilligte, überblickte Weaver die Entwicklung in vielen Wissenschaftsbereichen weit über den US-amerikanischen Kontinent hinaus. Er kannte die Weltanschauung des Wiener Kreises und der Berliner Gesellschaft für empirische Philosophie, die alle Wissenschaften unter ein gemeinsames Theorie-Dach bringen wollte. Aus diesem Projekt der »Einheitswissenschaft« ging die Buchreihe der International Encyclopaedia of Unified Science hervor, als deren erster Band im Jahre 1938 die »Foundations of the Theory of Signs« des US-amerikanischen Philosophen Charles William Morris erschienen war.[14] In dieser Allgemeinen Zeichentheorie – Morris nannte sie Semiotik nach dem altgriechischen *sēmeîon* für

»Zeichen« oder »Signal« – ging es darum, wie Lebewesen Zeichen verarbeiten. Eine derart fundamentale Wissenschaft von den Zeichen (Science of Signs) musste auf den Erkenntnissen der Biologie und insbesondere der Verhaltenswissenschaften aufsetzen. Sie fragte danach, was Zeichen sind, wie Zeichen von den Lebewesen verwendet werden und wie sie schließlich wirken.

Was kann nicht alles ein Zeichen sein? Ein Heben der Augenbraue, ein Naserümpfen, ein Ohrenschlackern, Ausrufe, Winke, ein roter Schal oder eine grüne Krawatte. Praktisch alles kann als Zeichen herhalten oder dafür hergenommen werden. Meist geht es um Schrift oder Laute mit einem Alphabet und mit Regeln, aber nicht immer sind es solche und andere normierte Systeme, die Lebewesen nutzen. Vor allem muss dem Zeichengebrauch eine Verabredung zwischen Sender*in und Empfänger*in vorausgegangen sein, damit die Kommunikation gelingt. Schon in Kindheit und Schule haben wir viele solcher Verabredungen gelernt: Wie werden die Buchstaben und Zahlen lesbar geschrieben? Wie werden Flötentöne sauber gespielt? Welche Hand gibst du der Tante zur Begrüßung? Rechtschreibung, Rechenregeln, Musiknoten, Daumen hoch und Daumen runter, Blau für Jungs und Rosa für Mädchen, Ausrufezeichen für Gefahr und achteckige Verkehrsschilder für »Stopp«. Wie Sie sehen, gab und gibt es Verabredungen, die dafür sorgen, dass Zeichen so genau ausgeführt und gesandt werden, dass sie auch als dieses Zeichen wahrgenommen werden können, dann gab und gibt es Verabredungen, die sicherstellen, dass Zeichenkombinationen regelkonform gebildet und deshalb auch entsprechend empfangen werden können, und schließlich gab und gibt es Verabredungen über die Bedeutung der Zeichen(folgen). Ohne solche Einigungen hinsichtlich eines Codes käme es zu Missverständnissen oder zu Unverständnis. Schließlich ist noch zu beachten, dass man oft Zeichen gibt, um einen Zweck zu erreichen: Aufmunterndes Zunicken, wenn die Freundin oder der Freund sich nicht traut, einen unangenehmen Anruf endlich hinter sich zu bringen, heftiges Kopfschütteln, begleitet von einem entschiedenen »Nein!«, wenn das Kleinkind seine Hand in Richtung Herdplatte bewegt, sich die flache Hand vor die Stirn schlagen, wenn uns etwas wieder einfällt. Zeichen können mit Absichten verbunden sein, ohne dass diese explizit formuliert sind.

Solche oder ähnliche Gedanken müssen Morris dazu bewogen haben, für die Semiotik drei Problemebenen der Kommunikation zu definieren: 1) technische, 2) semantische, 3) einflussreiche (*influential*) Probleme. Die technischen Probleme betreffen die Genauigkeit, mit der die Zeichen übertragen werden können: Werden genau die Zeichenfolgen – bestehen sie nun aus einzelnen Symbolen wie Buchstaben oder Zahlen oder aus Tonmustern oder Fernsehbildern – auf der Empfängerseite ankommen, die beim Sender abgeschickt wurden? Die semantischen Probleme betreffen die Bedeutung der Zeichen. Der Sender hat eine bestimmte Bedeutung der gesendeten Zeichen im Sinn; wie verhält sich diese zur Interpretation der Zeichen durch den Empfänger? Die einflussreichen Probleme betreffen die Frage, inwieweit die dem Empfänger mit den Zeichen übermittelte Bedeutung Wirkung auf dessen Verhalten hat.

Weaver hatte ebensolche Probleme im Sinn, als er Shannons Informationsbegriff kritisierte und dessen Theorie in eine allgemeinere Theorie einbettete, die drei Ebenen des Informationsbegriffs aufführte:

Ebene A betrifft die rein technischen Probleme. Inwieweit können Zeichen exakt übertragen werden? Diese Frage betrifft die syntaktischen Eigenschaften der Zeichen beziehungsweise der Sprache, der sie angehören. Wie werden Zeichen mit anderen Zeichen zu weiteren Zeichen verknüpft? Wie werden Worte und Sätze gebildet? Die Gesamtheit dieser Eigenschaften wird »Syntax des Zeichensystems« genannt.

Ebene B betrifft die semantischen Probleme. Welche Bedeutungen haben die Zeichen und welche Eigenschaften haben diese Bedeutungen? Inwieweit werden durch die übertragenen Zeichen auch deren gewünschte Bedeutungen beim Empfänger induziert?

Ebene C betrifft die pragmatischen Probleme. Inwieweit wird der auf der Senderseite gewünschte Effekt auf der Zielseite bewirkt?

Die Ebenen B und C blieben bei Shannons Informationstheorie außen vor! Weder die Bedeutung einer Information noch die mit ihrer Sendung verbundene Absicht wurden von ihr berücksichtigt. Weaver schloss daher messerscharf, dass zwei Nachrichten, von denen die eine sehr viel, die andere aber gar keine Bedeutung hat, aus einer Ebene-A-Perspektive völlig äquivalent sind. Damit war Weavers Kritik aber nicht erschöpft. Er schlug vor, die Theorie von Shannon auf die Ebenen B und C auszuweiten, und beschrieb dazu Erweiterungen des Kommunikationsdiagramms (siehe Abb. 2): Er stellte sich vor, dass zwischen dem technischen Empfänger (*engineering receiver*), der die Zeichen in Nachrichten umwandelt, und dem Kommunikationsziel (*destination*) ein neues Kästchen eingefügt wird, das er semantischen Empfänger (*semantic receiver*) nannte. Dieses Kästchen steht für eine zweite Decodierung (*second decoding*), bei der es um die semantischen Merkmale der Nachricht geht. Weaver stellte sich wohl vor, dass mithilfe von Statistik eine Verteilung aller möglichen Zeichenbedeutungen gefunden werden kann. Dann müsste man noch diese Bedeutungsverteilung mit der Verteilung der Fähigkeiten aller Empfänger, den Zeichen Bedeutungen zuzuordnen, abgleichen. Dieser Abgleich würde zu einem »Ranking« der mehr oder weniger wahrscheinlichen Bedeutungen der Nachrichten führen.

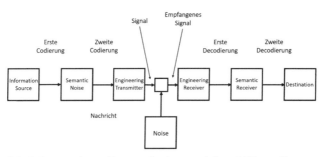

Abb. 2: Das erweiterte Kommunikationsmodell nach Weaver[15]

Ein zweites zusätzliches Kästchen stellte sich Weaver auf der anderen Seite des Diagramms zwischen der Informationsquelle und dem Sender vor. Er nannte es semantisches Rauschen (*semantic noise*). Damit sind Bedeutungsverzerrungen gemeint, die von der Informationsquelle unbeabsichtigt eingeführt werden, zum Beispiel undeutliche oder fehlerhafte Aussprache oder Sprachfehler. Die semantische Decodierung muss dieses semantische Rauschen berücksichtigen. Weaver konnte sich auch vorstellen, dass die ursprünglich gesandte Nachricht »bearbeitet« oder »angepasst« wird, sodass die Differenz aus Nachrichtenbedeutung und semantischem Rauschen am Zielort zur gewünschten Bedeutung rekonstruiert wird.

DIE KOMMUNIKATIONSTHEORIE WIRD ZUR INFORMATIONSTHEORIE

Die Informationstheoretiker – wir sollten sie eigentlich konsequent weiterhin Nachrichtentechniker nennen – schenkten Weavers Vorschlägen keine große Beachtung. Das Wort »Information« war aber wohl unschlagbar sexy und so wurde die »Mathematische Theorie der Kommunikation« zur Informationstheorie. Wir können heute noch nachlesen, dass einige Vertreter dieser neuen Theorie (wie zum Beispiel Léon Brillouin[16]) »zwar den Unterschied zwischen der syntaktischen und semantischen Information erwähnten (weil sie das ihrer Reputation als Wissenschaftler schuldig waren), dass sie es aber nebenbei und unauffällig, fast verschämt taten, um den neuen Erkenntnissen, die sie propagierten, ja nichts von ihrer Größe zu nehmen.«[17] So erklärte sich der österreichische Informatiker Peter Rechenberg im Jahre 2003 in einem Beitrag für die Zeitschrift »Informatik Spektrum« diesen »Vorgang von großer Merkwürdigkeit, dem die Wissenschaftshistoriker ihre Aufmerksamkeit zuwenden sollten«. Jedenfalls wurden von solchen Nachrichtentheoretikern weder »semantische Empfänger« noch »semantisches Rauschen« eingeführt.

Rechenberg wies auf den immer noch weit verbreiteten Irrglauben hin, seit Shannons Arbeit gebe es einen objektiven Informationsbegriff. Er schrieb, dass damals »zwei völlig verschiedene Dinge unter einem Namen vereinigt« worden seien und dass dieses Missverständnis seither nicht ausgeräumt worden sei. Er warnte darum davor, Shannons »eindimensionaler« Informationstheorie die Rolle einer Grundlagentheorie für die Informatik zu überlassen, weil das in die Irre führe, denn in der

Informatik werde ja nicht nur der quantifizierbare syntaktische Aspekt, sondern auch die nicht quantifizierbaren semantischen Aspekte des Informationsbegriffs verwendet.[18]

Warum blieben die Informationstheoretiker und -techniker der ersten Jahrzehnte auf dem Ebene-A-Teppich? Warum interessierten sie sich nicht für semantische (Ebene B) und pragmatische (Ebene C) Aspekte der Information? Zumindest einer der Gründe dafür liegt wohl in der Autorität des Meisters: Shannon kämpfte mit großem Engagement dagegen an. Als sich die Elektrotechnik in den 1950er-Jahren in verschiedene Spezialgebiete aufspaltete, bildeten sich innerhalb des traditionsreichen Institute for Radio Engineers (IRE) verschiedene Berufsgruppen (professional groups) mit jeweils eigenem Mitteilungsorgan – den »Transactions« –, die bald in den Rang vollwertiger wissenschaftlicher Zeitschriften aufstiegen. So erschienen in der ersten Ausgabe der »IRE Transactions on Information Theory« vom Februar 1953 die Beiträge zur ersten Informationstheorie-Konferenz, zu der sich die IRE-Gruppe »Information Theory« im September 1950 in London getroffen hatte. Selbstverständlich war Shannon Mitherausgeber der Zeitschrift und verfasste in dieser Eigenschaft für das Heft vom März 1956 ein Editorial mit der Überschrift »The Bandwagon«. Es spricht einiges dafür, dass Shannon auf die Doppelbedeutung des Wortes, das mit »Fahrender Zug« und mit »Trittbrettfahrer« übersetzt werden kann, Wert legte, denn er rief in diesem »Leitartikel« dazu auf, bei aller Popularität, die die Informationstheorie in den Jahren zuvor erlangt hatte, doch zu bedenken, dass sie kein »Universalheilmittel« sei. Die Informationstheoretiker sollten daher zu ernsthafter Forschung und Entwicklung auf höchster wissenschaftlicher Ebene zurückkehren. Dass die Informationstheorie in so vielen Feldern erfolgreich angewendet worden sei, die Begriffe Information, Entropie, Redundanz nun auch in der Psychologie und den Wirtschafts- und Sozialwissenschaften Verwendung gefunden hätten, sei zwar erfreulich, verwische aber die abstrakte Bedeutung dieser Begriffe. Seiner Meinung nach sei der harte Kern der Informationstheorie im Wesentlichen ein Zweig der Mathematik, ein streng deduktives System. So stemmte sich Shannon geradezu gegen jegliche Ausweitung seiner mathematischen Theorie auf andere Disziplinen und rief künftige Autoren der Zeitschrift dazu auf, nur die klarsten und besten Leistungen zu veröffentlichen. In der Informationstheorie solle die Forschung der Präsentation immer vorgezogen werden. Die kritischen Schwellenwerte ihrer jungen Zunft seien hochzuhalten.[19]

Ebenfalls Mitherausgeber dieser Zeitschrift war der nicht minder berühmte Mathematiker und MIT-Professor Norbert Wiener, der Begründer der Kybernetik. Das war der Name, den er gemeinsam mit dem MIT-Ingenieur Julian Bigelow und dem mexikanischen Neurophysiologen Arturo Rosenblueth nach jahrelanger Zusammenarbeit für »das ganze Gebiet der Regelung und Nachrichtentheorie, ob in der Maschine oder im Tier« gewählt hatte. Das Wort ist aus dem Griechischen (*kybernetes*) entlehnt und bedeutet »Steuermann«.[20] 1948 erschien Wieners Bestseller »Cybernetics: Or Control and Communication in the Animal and the Machine«. Schon im Titel taucht prominent der Begriff Kommunikation auf. Wiener war Mathematiker und ein Spezialist auf dem Gebiet der Statistik und der Zeitreihen. Von dieser Seite her hatte er sich in der Kriegszeit, also zur gleichen Zeit wie Shannon, mit der Nachrichtentechnik beschäftigt.

Erinnern wir uns kurz an die historischen Stationen der Kommunikationstechnik, nachdem sie sich den Elektromagnetismus zunutze gemacht hatte: an Gauß und Weber, Morse, Nyquist, Hartley. Es wurde ein elektrischer Strom ein- oder ausgeschaltet. Diese beiden möglichen Zustände definierten die zu übertragenden Zeichen, die zu Nachrichten zusammengesetzt werden konnten. Es gibt aber nur zwei mögliche Grundzeichen. Man kann – manchmal muss man auch – sich für eins von zweien entscheiden. Eine solche Möglichkeit zur Entscheidung zwischen zwei sich ausschließenden Möglichkeiten heißt Alternative (lateinisch *alter*: andere(r/s). Der deutsche Sprachgebrauch nennt eine Alternative eine Entscheidungsmöglichkeit für eines von zweien. Erst später, unter dem Einfluss der englischen Sprache, änderte sich der Wortgebrauch, und heute bezeichnet »Alternative« auch eine von mehreren vorhandenen Möglichkeiten. Für Wiener bedeutete Kommunikation, Nachrichten zu übermitteln, genauer: Alternativen zu übertragen. Dabei verstand er Alternative im Sinne des früheren Gebrauchs des Begriffs: »Kopf« oder »Zahl«, »Ja« oder »Nein«, »Null« oder »Eins«. Zeichen zu übertragen bedeutet, eine Entscheidung zwischen zwei (gegebenenfalls mit Wahrscheinlichkeiten versehenen) Möglichkeiten zu übertragen. Wiener war so zu ganz ähnlichen Ergebnissen wie Shannon gekommen und dieser hatte in seinem 1945 geschriebenen Artikel über »Eine mathematische Theorie der Kryptografie« auch von »Alternativen« gesprochen, wenn die Wahlmöglichkeit zwischen zwei möglichen Werten lag. Wir nennen das heute ein Bit. Das ist ein zusammengesetztes Kunstwort aus den beiden englischen Wörtern *binary* (»binär«) und *digit* (»Ziffer« oder »Stelle« im Dualzahlensystem). Es scheint nicht mehr gänzlich zu klären zu sein, wann dieses Wörtchen aufkam. Unstrittig ist, dass es von dem US-amerikanischen Mathematiker und Statistiker John Wilder Tukey geprägt wurde, der seit 1939 Statistikprofessor an der Universität von Princeton war. Als nämlich zum Ende des Jahres 1946 unter einigen Bell-Nachrichtentechnikern, darunter auch Shannon, bei einem Lunch in der Cafeteria der Bell Labs mit Wiener und John von Neumann über den misslichen Ausdruck *binary digit* diskutiert wurde, gesellte sich Tukey zu ihnen und soll stattdessen die Verkürzung *bit* vorgeschlagen haben. Einige Quellen sagen, dass Tukey das *bit* schon im Wintersemester 1943/44 in seinem Seminar für die Informationsmenge eingeführt hatte, die einer Ja-Nein-Antwort entspricht.

Nach dem Zweiten Weltkrieg publizierten Shannon und Wiener ihre Forschungsergebnisse, die während des Krieges der Geheimhaltung unterlagen und zurückgehalten werden mussten. Obwohl in den 1950er-Jahren meist noch von der »Wiener-Shannon-Kommunikationstheorie« die Rede war, wird heute fast ausschließlich Shannon als ihr Begründer genannt. Wiener fühlte sich um seinen wissenschaftlichen Ruhm betrogen. Das muss schwer zu ertragen gewesen sein, denn er versuchte oft, dies richtigzustellen. Eine Gelegenheit dazu bot sich ihm im Juni 1956, als er auf Shannons Editorial in den »Transactions« antwortete. »What is Information Theory?« war die Überschrift seines »Leitartikels« und er konnte nicht umhin, bereits im ersten Satz zu erwähnen, dass nicht nur Shannon, sondern auch er Begründer der Informationstheorie war.

SOZIAL- UND GEISTESWISSEN-
SCHAFTLER MISCHEN SICH EIN

Zurück zu den Wurzeln! – Das war auch Wieners Wunsch für die Zukunft der Informationstheorie. Er sah allerdings ganz anders auf deren Wurzeln. Für ihn war diese Theorie Mitglied einer Theorienfamilie, die auf der Statistik gründete. Kein Egoismus, keine Slogans und keine Klischees sollten deren Erforschung einengen, sie sollte sich viel mehr ungestört und unbeschädigt in möglichst viele wissenschaftliche Bereiche entwickeln. Wiener befürchtete nämlich, dass die Informationstheoretiker in ein gefährliches Zeitalter der Überspezialisierung marschierten,[21] und sein Appell zielte darauf ab, diese Entwicklung zu verhindern. Stattdessen wollte er die integrative Rolle der Kommunikationstheorie weiter stärken und grenzüberschreitende Beiträge akzeptieren.

Viele Wissenschaftler anderer Disziplinen begrüßten diese Offenheit, insbesondere auch Sozialwissenschaftler*innen, die sich sehr wohl für Weavers Unterscheidung der drei Ebenen interessierten. Sie fanden zwar, dass Shannons »Begriff von Information für die Analyse sozialer Kommunikationsprozesse nur sehr bedingt brauchbar ist«,[22] es scheint aber, dass die Erweiterungsansätze von Weaver hier auf fruchtbaren Boden gefallen sind. Geistes- und Sozialwissenschaftler*innen sind begreiflicherweise sehr viel mehr an den Prozessen der Ebenen B und C interessiert als an denen der Grundebene A. So charakterisierte der Psychologe und Philosoph Gerhard Maletzke in seinem sehr erfolgreichen Buch »Psychologie der Massenkommunikation« von 1963 Kommunikation geradezu als die Beziehung, die Lebewesen untereinander eingehen können: Sie verständigen sich, sie sind imstande, innere Vorgänge oder Zustände auszudrücken, sie teilen ihren Mitgeschöpfen Sachverhalte mit oder sie fordern sie zu einem bestimmten Verhalten auf. Pointiert schrieb er: »Kommunikation ist die Bedeutungsvermittlung zwischen Lebewesen.«[23]

In seinem 1983 erstmals erschienenen und danach mehrmals wieder aufgelegten Standardwerk »Kommunikationswissenschaft« betont der österreichische Kommunikationswissenschaftler Roland Burkart, dass das Prinzip von »Encodierung« und »Decodierung« der Nachrichten in Shannons Theorie geradezu elementar ist, ja man könne den Kommunikationsprozess gar nicht ohne dieses Prinzip denken! Sogar, wenn für die Kommunikation keinerlei technische Geräte verwendet werden.[24] Burkart verwies auf die Analyse der sprachlichen Kommunikation des deutschen Soziologen Bernhard Badura,[25] der Shannons Modell um zwei Encodierungs- und Decodierungsprozesse erweiterte, sodass neben der syntaktischen auch die semantische und die pragmatische Dimension sprachlicher Zeichen berücksichtigt werden können (siehe Abb. 3).

Sozialwissenschaftler interessieren sich zudem für die gesellschaftlichen Randbedingungen der jeweiligen Kommunikation, die eine entsprechende Analyse beziehungsweise Diagnose berücksichtigen muss. Badura nannte vier solche Randbedingungen:

- Die Kommunikationssituation. Gibt es zum Beispiel Störungen? – Der Schulunterricht fällt der Lehrer*in sicherlich leichter, wenn die Klasse ruhig ist.
- Das Informationsniveau. Welches Vorwissen gibt es zum Beispiel? Wie verständlich wird kommuniziert? –

Einstein hat die Relativitätstheorie vor seinen Kollegen wohl anders dargestellt als in öffentlichen Vorträgen.
- Den emotiven Erlebnishorizont. Welche Einstellungen haben zum Beispiel die Kommunikationspartner*innen zum Thema? – Ein Plädoyer für das Zölibat wird unter Katholiken anders aufgenommen als unter Atheisten.
- Die Interessen. Wie wichtig ist zum Beispiel die Kommunikationspartner*in? Wie wichtig ist die Nachricht? – Wer nicht allein in den Urlaub fahren möchte, argumentiert anders, als wer die Einsamkeit liebt, und wer eine entscheidende Prüfung bestanden hat, findet diese Nachricht wichtiger als einen Einkaufszettel.

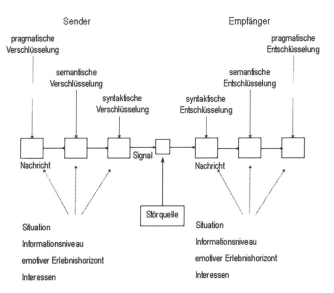

Abb. 3: Das Kommunikationsmodell nach Badura[26]

***

In der Nachkriegszeit wurde der Begriff »Intelligenz« fast vollständig vom Begriff »Information« als Grundbegriff der Kommunikationstheorie verdrängt. Selbst Shannon, der noch 1939 in einem Brief an seinen Doktorvater Vannevar Bush über »transmission of intelligence« geschrieben hatte (siehe Abb. 4), ging schon bald danach dazu über, von »Information« zu sprechen.

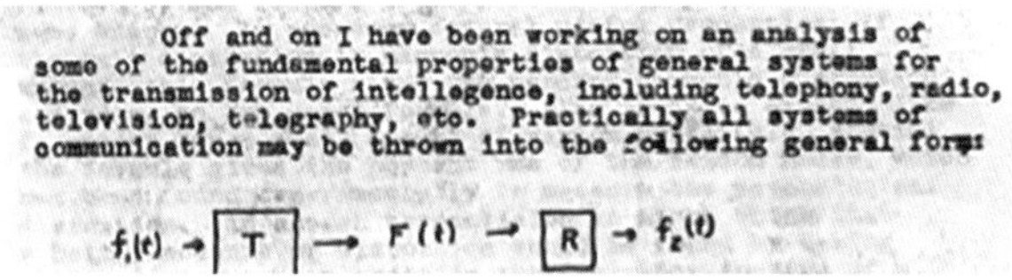

> Off and on I have been working on an analysis of some of the fundamental properties of general systems for the transmission of intellegence, including telephony, radio, television, telegraphy, etc. Practically all systems of communication may be thrown into the following general form:
>
> $f_1(t) \to \boxed{T} \to F(t) \to \boxed{R} \to f_t(t)$

Abb. 4: Ausschnitt aus dem Brief von Shannon an Bush vom 16. Februar 1939[27]

Etwa ein weiteres Jahrzehnt später sollte der Intelligenzbegriff dann eine Renaissance erleben, allerdings erhielt er dabei das näher bezeichnende Adjektiv *artificial* (»künstlich«). Die Entstehung des so benannten Forschungsgebietes ist eine der interessantesten Entwicklungen in Wissenschaft und Technik des 20. Jahrhunderts.

THINKING MACHINES

Schauen wir dazu noch einmal in die 1950er-Jahre. Neben der engeren Entstehungsgeschichte der Informations- oder Kommunikationstheorie waren auch deren weitere Entwicklungen folgenreich für das Forschungsgebiet »Künstliche Intelligenz« und eine besondere Rolle kam wiederum Shannon und Weaver zu. Diese Geschichte fand sieben Jahre nach dem Erscheinen des Buches »The Mathematical Theory of Communication« statt, und sie hat wieder – oder besser: immer noch – mit Shannon und Weaver zu tun. Eine Notiz in Weavers Tagebuch vom 4. April 1955 betrifft einen jungen Mathematiker namens John McCarthy. Weaver hatte Erkundigungen über ihn eingeholt und wusste unter anderem, dass McCarthy 1952 in den Bell Labs mit Shannon zur Kommunikationstheorie gearbeitet hatte und dass die beiden gemeinsam an der Herausgabe eines Sammelbandes über Automaten arbeiteten.[28] Dieses Buch enthält Beiträge über mathematische, logische und ingenieurwissenschaftliche Forschungen, die verschiedene Bedeutungen des Wortes »Automat« berücksichtigen. Der Aufsatz des Psychiaters und Universalgelehrten William Ross Ashby, der mit seinem drei Jahre zuvor erschienenen Buch »Design for a Brain« großes Aufsehen erregt hatte, war überschrieben mit »Design for an Intelligence-Amplifier«. Hier wird in der Einleitung die menschliche »Intelligenz« als ein Vermögen der Gehirnleistung eingeführt und dann auf das Konzept des Intelligenzquotienten hingewiesen. Der Begriff »Intelligenz« – seine »wahre Natur« (*the real nature of intelligence*) – wird aber gar nicht problematisiert, vielmehr verrät ein in Klammern gesetztes »whatever that may mean« eine gewisse resignative Haltung dem Begriff gegenüber. Im restlichen Text verwendet Ashby das Wort *intelligence* dann aber ganz im Sinne von Shannons Kommunikationstheorie als »die Fähigkeit, eine angemessene Auswahl zu treffen« und es ging ihm darum, ob diese Auswahl bei Maschinen beschleunigt werden könne.

McCarthy und auch Shannon dachten allerdings schon im Vorfeld zur Entstehung dieses Sammelbandes an die Möglichkeit, intelligente Automaten im Sinne von »denkenden Maschinen« (*thinking machines*) zu konstruieren, also Maschinen, die wirklich denken, lernen, mit Menschen kommunizieren und zumindest in einer bescheidenen Weise ihre Umwelt verändern können. Sie hatten darüber diskutiert, das Wort *intelligence* schon in den Titel dieses Bandes aufzunehmen, sich dann aber doch dagegen entschieden, weil es ihnen zu vermessen und »bombastisch« erschien.

Wie richtig sie mit dieser Auffassung doch gelegen haben! Es wäre in der Tat vermessen gewesen, diese Sammlung mathematischer und ingenieurwissenschaftlicher Arbeiten unter einem Titel herauszugeben, der unterstellt, es handele vom Phänomen der Intelligenz.

EIN BEGRIFF WIRD GEBOREN: »KÜNSTLICHE INTELLIGENZ«

McCarthy war im Nachhinein von den »Automata Studies« sehr enttäuscht. Die Inhalte der Beiträge zu diesem Band gingen nicht in die von ihm angestrebte Richtung. In ihm selbst gärte die Idee von intelligenten Maschinen allerdings weiter und die Bedenken, dass der Begriff Intelligenz in diesem Zusammenhang zu bombastisch sei, verflüchtigten sich. Seine Bemühungen, dieses Thema in der Forschung zu etablieren, kulminierten in der Idee, dazu einen mehrwöchigen Sommer-Workshop im Dartmouth-College in Hanover, New Hampshire, zu veranstalten, wo er gerade Assistenzprofessor für Mathematik geworden war.

Gemeinsam mit Shannon plante er, eine Gruppe von etwa zehn interessierten Wissenschaftlern einzuladen – darunter Nathaniel Rochester, den Leiter der IBM-Forschungsabteilung, Marvin Minsky, einen Junior Fellow von Harvard, mit dem McCarthy befreundet war, und Ray Solomonoff, einen Mathematiker und Physiker und Freund von Minsky –, um gemeinsam über Automaten und Hirnmodelle zu diskutieren. Er hoffte auch, die damals schon berühmten Mathematiker John von Neumann und George Pólya für einige Tage dazubitten zu können. Seine Absicht war, diese Veranstaltung von der Rockefeller-Stiftung finanzieren zu lassen, und dieser Plan blieb Weaver natürlich nicht verborgen.

In den darauffolgenden Sommerwochen des Jahres 1955 kam es zu einem regen Briefverkehr innerhalb der Rockefeller-Stiftung und zwischen ihr und dem kleinen College Dartmouth, denn McCarthy verfolgte seine Idee recht hartnäckig. Vom 6. April 1955 datiert ein kurzer Brief von Donald Harvard Morrison, dem Leiter des Dartmouth-College, an Weaver, in dem er das Interesse des Colleges an einer solchen Veranstaltung bestätigt und McCarthys Idee unterstützt.

Am 14. Juni schrieb Weaver an seinen Direktionskollegen Robert Swain Morison, der in der Stiftung für biologische und medizinische Forschung zuständig war. Vermutlich, weil es in dem geplanten Workshop auch um Hirnforschung gehen sollte, ein Thema, das sowohl die exakten Naturwissenschaften als auch die Lebenswissenschaften anging, hatten sich McCarthy und Shannon mit beiden Rockefeller-Direktoren für den folgenden Freitag zum Lunch verabredet. Weaver entschied sich, nicht hinzugehen, da er befürchtete, befangen zu sein, weil Shannon involviert war. Er war wohl auch nicht restlos vom wissenschaftlichen Nutzen dieser Veranstaltung überzeugt und argwöhnte, dass hier zwei oder drei junge Männer gemeinsam eine nette Zeit verbringen und sich über Aspekte der Informationstheorie unterhalten wollten. Und natürlich war es ihnen recht, wenn jemand dafür aufkomme. Zudem stand keine bedeutende Organisation hinter dem Plan. Weaver beendete sein Schreiben an Morison mit der Versicherung, dass er ihm damit aber keinen versteckten Rat geben wolle. Vielmehr möge er frei und unbeeinflusst urteilen.

Bei diesem Lunch wurden einige Details über den beabsichtigten Workshop diskutiert. Morison hat dazu mehr als eine Seite engzeilig notiert, und da heißt es, dass Shannon ihm die meiste Zeit abwesend erschien, während McCarthy das Argumentieren übernommen hatte, enthusiastisch, aber »jung und ein bisschen naiv«, meinte Morison. Ein Teil des Gesprächs habe sich um die Frage gedreht, ob Meetings von Forschergruppen wie die geplante Veranstaltung denn der richtige Weg seien, neue Ideen zu entwickeln. Ob nicht vielmehr das einsame Arbeiten einzelner Forscher erfolgreicher einzuschätzen sei? Befand sich nicht gerade die Theorie der Hirnfunktionen in Bezug zu den Möglichkeiten mathematischer Berechnungen in einer »Vor-Newton-« oder »Vor-Einstein-Phase«, in der die brillante Einsicht eines Einzelnen und keine Gruppendiskussion nötig sei? (Diesem Hinweis auf die damaligen neurophysiologischen Forschungen werden wir im nächsten Kapitel nachgehen.) Während des Lunchs hat Morison wohl auch angeregt, dass McCarthy und Shannon noch weitere als die bisher genannten Wissenschaftler als mögliche Teilnehmer an dem Projekt vorschlagen sollten, und es fielen die Namen von Neumann, Minsky und Rochester, aber auch der des Psychologen Donald Hebb, der Norbert Wieners und der des mit der »Cybernetics Group« verbundenen Oliver Selfridges – ein Freund von Minsky. Ashby, der mit seinem Buch »Design for a Brain« berühmt geworden war, in dem er sich mit kybernetischen Aspekten des Gehirns auseinandersetzte, sollte ebenso auf die Liste gesetzt werden wie Donald MacKay, ein Gründer der britischen Informationstheorie-Szene. Über die Teilnahme weiterer Psychologen wurde diskutiert: Hans-Lukas Teuber und Karl Pribram. McCarthy hatte zudem erwogen, den Sozialwissenschaftler Herbert Simon vom Carnegie Institute of Technology einzuladen, der sich seit 1954 mit der Möglichkeit beschäftigte, einen Computer für Simulationen zu nutzen, sowie den Physiker Allen Newell von der Denkfabrik RAND Corporation, der sich ebenfalls für die Möglichkeiten der neuen Computertechnik begeisterte. Simon und Newell arbeiteten damals an einem Computerprogramm, das Beweise für mathematische Theoreme finden sollte, wie sie etwa in der »Principia Mathematica«, dem berühmten Buch von Bertrand Russell und Alfred North Whitehead, aufgeführt waren.

Morison verließ das Treffen mit Zweifeln, da aber ja noch kein offizieller Antrag eingegangen war, musste er jetzt keine Entscheidung fällen. McCarthy fühlte sich offenbar ermutigt, die Pläne weiterzutreiben, denn er rief ein Organisationskomitee für den Workshop zusammen, das aus ihm selbst, Shannon, Minsky und Rochester bestand und zum 31. August 1955 einen Antragsentwurf anfertigte. Der Entwurf erreichte Morison mit einem Schreiben vom 2. September 1955, in dem die vier Organisatoren den offiziell vom Dartmouth-College zu stellenden Antrag in Aussicht stellten, wann immer Morison dies für angemessen halte. Die beantragte Summe finanzieller Unterstützung belief sich auf 13.500 US-Dollar.

Die Überschrift des Vorschlags enthielt einen Begriff, der in den vorausgegangenen Diskussionen nicht gefallen war: »A Proposal for the Dartmouth Summer Research Project on Artificial Intelligence«. – Artificial Intelligence, Künstliche Intelligenz, das war völlig neu. Was hieß das? Was war der Forschungsgegenstand, mit dem sich die vier Antragsteller im Sommer 1956 mit zehn oder elf Forschern zwei Monate lang beschäftigen wollten? Der Text sagt das sehr klar: »Es wird versucht herauszufinden, wie man Maschinen dazu bringen kann, Sprache zu benutzen, Abstraktionen und Begriffe (*concepts*) zu bilden, Arten von Problemen zu lösen, die heute dem Menschen vorbehalten sind, und sich selbst zu verbessern.« Der neue Begriff »Künstliche Intelligenz« wurde folgendermaßen eingeführt: »Für den vorliegenden Zweck wird das Problem der Künstlichen Intelligenz so verstanden, dass man eine Maschine dazu bringt, sich in einer Weise zu verhalten, die man intelligent nennen würde, wenn sich ein Mensch so verhielte.«

Jeder Aspekt des Lernens oder jedes andere Merkmal der Intelligenz, so die Vermutung der Autoren, könne im Prinzip so genau beschrieben werden, dass eine Maschine zu ihrer Simulation befähigt werden kann. Mit der Maschine war ein Computer gemeint und so wurden zwei bisher getrennt voneinander untersuchte Forschungsfragen miteinander verwoben: 1) ob der Computer als Metapher für das natürliche Gehirn passt und 2) ob Computerprozesse als Metapher für menschliche Geistestätigkeit taugen. Während Minsky, Rochester und Shannon eher im Umfeld der ersten Forschungsfrage zu Hause waren, neigte McCarthy der zweiten zu. Ihn interessierten die

Beziehungen zwischen Sprache und Denken und er versprach Lösungsansätze durch die Symbolverarbeitung im Computer. Er stand dem Zugang über Hirnmodelle kritisch gegenüber, aber Shannon wollte seine Informationstheorie in der Computertechnik und für Modelle des Gehirns anwenden, Rochester hatte mit seiner Forschergruppe bei IBM schon entsprechende Hirnmodelle programmiert, und Minsky war bereits seit seiner Dissertationszeit auf diesem Gebiet tätig. Er hatte dazu sogar ein kleines künstliches neuronales Netzwerk entworfen. Diese Forschungen wollte er weiter ausbauen und insbesondere ein lernendes neuronales Netz im Computer programmieren.

In dem Antrag wurden sieben Themenschwerpunkte aufgezählt, die im Workshop diskutiert werden sollten: 1) Automatische Computer, 2) Wie muss ein Computer programmiert werden, um eine Sprache zu benutzen, 3) Neuronennetze, 4) Theoretische Überlegungen zum Umfang einer Rechenoperation, 5) Selbstverbesserung, 6) Abstraktionen und 7) Zufälligkeit und Kreativität.

Wenn eine ausgewählte Gruppe von Wissenschaftlern einen Sommer lang daran arbeitete, so die Erwartung der Antragsteller, dann könnte ein bedeutender Fortschritt gemacht werden. Dazu skizzierten die vier Wissenschaftler auch einen vorläufigen Plan: »Wir werden uns auf das Problem konzentrieren, einen Weg zu finden, wie man eine Rechenmaschine zur Bildung von Ideen und zur Bildung von Verallgemeinerungen programmieren kann.« Sie gaben allerdings zu bedenken, dass sich diese Planung natürlich ändern könne, wenn die Gruppe zusammenkäme.[29]

Bei der Rockefeller Foundation war man nicht sehr glücklich mit dem Antrag. Da es sich dabei weder um biologische noch medizinische Forschung handelte, lag das Thema quer zu den Programmen der Stiftung. Letztendlich beschied sie den Antrag positiv, reduzierte allerdings die Fördersumme auf etwas mehr als die Hälfte: Sie finanzierte das Projekt mit 7.500 US-Dollar für Sommergehälter, Reise- und Unterkunftskosten der akademischen Teilnehmer, für die Ausgaben der Forscher aus der Industrie sollten deren jeweilige Firmen aufkommen.

DIE BERÜHMTE DARTMOUTH-KONFERENZ

Die sogenannte »Dartmouth-Konferenz« fand vom 19. Juni bis zum 16. August 1956 statt. Streng genommen kann man gar nicht von einer Konferenz sprechen, denn die meisten Teilnehmer reisten zu unterschiedlichen Zeiten an und ab. Abgesehen von McCarthy, Minsky und Solomonoff, einem Kollegen von Minsky, war keiner der Teilnehmer die gesamten acht Wochen vor Ort. Manche kamen nur für wenige Tage, andere für einige Wochen, der eine oder andere nur für ein paar Stunden. Es war eher ein Kommen und Gehen als eine wirkliche Zusammenkunft. In den Archiven liegen verschiedene Anwesenheitslisten, die einige Teilnehmer handschriftlich erstellt hatten, die aber alle nicht übereinstimmen. Die Zahlen variieren zwischen 20 und 32 Teilnehmern.[30]

Die Anpassung an äußere Bedingungen und das Lösen von Problemen mithilfe eines Computers: so könnte der übergreifende Themenkomplex des Dartmouth-Treffens benannt werden. Die jeweils anwesende Gruppe diskutierte in jeweils unterschiedlicher Konstellation über Projekte, die freilich angelehnt an das Oberthema »Artificial Intelligence« vorgestellt wurden: Ashby beschrieb seine schon fast ein Jahrzehnt alte elektrische, Homöostat genannte Maschine, die auf Umwelteinflüsse reagierte, sich anpassen und Probleme lösen konnte. Arthur Lee Samuel und Alex Bernstein stellten jeweils ein Computerprogramm vor, das Dame beziehungsweise Schach erlernen und spielen konnte. Auch Oliver Selfridge dachte über das Lernen von Maschinen nach. (Dazu im nächsten Kapitel mehr.) Allen Newell hatte schon 1955, also im Vorjahr, auf der »Western Joint Computer Conference« eine Schachmaschine (*chess machine*) präsentiert, die er als Beispiel dafür bezeichnete, wie der Computer eine komplexe Aufgabe durch Anpassung erledigen kann. Als weitere Beispiele für »ultrakomplexe Probleme«, wie er sie nannte, führte er die Sprachübersetzung und das Zusammenfassen wissenschaftlicher Texte an. Beim Dartmouth-Treffen stellten Newell und Herbert A. Simon ihr gemeinsam mit dem Programmierer John Clifford Shaw entwickeltes Computerprogramm »Logic Theorist« vor, mit dem der Rechner Beweise mathematischer Theoreme (griechisch *theórema* für Lehrsatz) fand. Solche Sätze gelten in der jeweiligen mathematischen Theorie dann als wahr, wenn sie aus den in dieser Theorie als unmittelbar einleuchtenden und deshalb als wahr angenommenen Grundsätzen, den sogenannten Axiomen (von griechisch *axioma*), mit den Schlussregeln der Theorie bewiesen werden können. Damit das Programm einen Beweis findet, wurden ihm die Ausgangsaxiome, die Schlussregeln und die schon als wahr vorausgesetzten Theoreme eingegeben. Für den Beweis des neuen Theorems durchsuchte das Programm dann alle ihm zur Verfügung stehenden logischen Operationen (wie zum Beispiel logisches »und« und »oder«, die

Negation, die Folgerung »wenn-dann« usw.), und einige Beweise ergaben sich so nach vielen Minuten Rechenzeit. Ein relativ einfaches Theorem der Prädikatenlogik ist etwa: »Wenn alle Menschen sterblich sind, und wenn Sokrates ein Mensch ist, dann ist Sokrates sterblich.«

Das Suchen und Finden, das Programmieren in Maschinensprache waren ebenfalls »ultrakomplexe Probleme«, die während des Dartmouth-Treffens diskutiert wurden. Die Organisatoren hatten weder thematische noch methodische Vorgaben oder Einschränkungen formuliert, und es gab auch keine einigende Definition oder ein theoretisches Gerüst für das Tagungsthema. Was es gab, war eine gemeinsame Vision, und diese Vision hieß »Artificial Intelligence«!

»Artificial Intelligence« war zunächst nicht mehr als ein Sammelbegriff für unterschiedliche Ausrichtungen wissenschaftlich-technischer Forschungen im Bereich der Nachrichtenverarbeitung innerhalb des Computers. Sowohl dieser neue Begriff als auch das so benannte Forschungsgebiet haben sich in der Folge allerdings als ungeheuer erfolgreich erwiesen. Deshalb ist das Dartmouth-Treffen zu Recht prominent in die Geschichte der Künstliche-Intelligenz-Forschung eingegangen. Ein anderes Ergebnis der Konferenz darf aber nicht unter den Tisch fallen: Mit dem Dartmouth-Treffen wurde für das Forschungsgebiet, das jetzt einen Namen hatte, eine Richtung definiert, und das war die »Symbolische Informationsverarbeitung« (*symbolic information processing*). Information Processing Language, kurz IPL, so hieß die Programmiersprache, in der Newell, Simon und Shaw auf dem RAND-Computer ihr Programm »Logic Theorist« programmierten. Zum Ende des Sommers 1956 hatte »Logic Theorist« 38 der ersten 52 Theoreme in den »Principia Mathematica« von Russell und Whitehead bewiesen,[31] und einige Beweise waren eleganter als die bisher bekannten. So konnten Simon und Newell schon beim Dartmouth-Treffen einen großartigen Forschungserfolg vorweisen, und den präsentierten sie dort mit einigem Stolz. Die Enttäuschung war groß, als die erwartete Begeisterung ausblieb, ging es doch jedem Teilnehmer dieses Treffens erst einmal um seine eigenen Forschungen.

Erst in den Folgejahren stellte sich heraus, dass mit dem Dartmouth-Treffen eine Wende eingeleitet worden war, denn die »Symbolische Informationsverarbeitung« wurde zu einem Paradigma des Forschungsgebiets »Künstliche Intelligenz« und als solches löste sie die Kybernetik und die Hirnforschung ab, in deren Rahmen entsprechende Forschung bisher betrieben wurde. Der »Symbolischen Informationsverarbeitung« gehörte die Zukunft; Hirnmodelle standen damals für die Vergangenheit, und das sollte sich erst später wieder ändern. Um diese Entwicklung einzuordnen, springen wir zunächst noch einmal in der Zeit ein Stück zurück.

KAPITEL 2:

NEURONALE NETZE,
LERNAPPARATE UND
MUSTERERKENNUNG,
ODER:
WIE
SIMULIERT MAN
DAS
MENSCHLICHE
GEHIRN?

DIE NEURONENDOKTRIN DES
SANTIAGO RAMÓN Y CAJAL

Gehirn, Skelett und Wirbelsäule sind charakteristisch für Wirbeltiere. Säugetiere sind eine Unterklasse dieser Wirbeltiere, die meist ein Fell haben. Andere Klassen bilden die Vögel, die ein Gefieder haben, Fische und Amphibien. Wir Menschen sind wiederum eine Untergruppe der Säugetiere. Unsere Gehirne befinden sich in unseren Köpfen. Es sind neuronale Gewebe, die aus miteinander über ihre Verästelungen verbundenen Nervenzellen bestehen. Das wissen wir allerdings erst seit 125 Jahren. 1894 hatte der spanische Neuroanatom Santiago Ramón y Cajal diese später so genannte Neuronendoktrin als Hypothese postuliert. Wie hätte man sie damals auch beweisen können? Erst mithilfe der Elektronenmikroskopie, die in den 1930er-Jahren entwickelt wurde, konnten die ungeheuer kleinen Neuronen identifiziert werden. Ramón y Cajal hätte einzelne Nervenzellen bei seinen Beobachtungen der Hirngewebeschnitte auf dem Objektträger seines Lichtmikroskops niemals voneinander unterscheiden können. Aber wenn man seine Präparate vorher in Silbernitrat eintauchte, zeigte sich *la reazione nera* (»die schwarze Reaktion«). Den Ausdruck prägte der Entdecker dieser »Färbetechnik«, der italienische Pathologe Camillo Golgi, der sich im Jahr 1906 den Nobelpreis für Physiologie oder Medizin mit Ramón y Cajal teilen durfte. Golgi beschrieb enthusiastisch, was er sah: »Auf gelbem, vollkommen durchsichtigem Grund erscheinen dünn gesäte, schwarze Fasern, glatt und klein oder stachlig und dick, und schwarze, dreieckige, stern- oder spindelförmige Körper, wie Tuschezeichnungen auf durchsichtigem Japanpapier!«[32] (Siehe Abb. 5)

Es wird nicht einfach gewesen sein, diese Zeichnungen zu deuten, die Verdickungen als Zellkörper zu erkennen und die wurzelartigen Ausfransungen beziehungsweise die langen und dickeren Stränge als diese Zellkörper miteinander verbindende Fasern, als Leitungen – ja wovon? Nun, dass Nervenfasern elektrische Signale transportieren, hatte schon der deutsche Physiologe und Physiker Hermann von Helmholtz um 1850 nachgewiesen, allerdings an Nervenfasern von Fröschen, und zwar nicht an Nervenfasern ihrer Hirne, sondern an solchen aus der Hüfte. Er konnte sogar die Zeitdauer messen, die der durch einen kurzen Stromstoß ausgelöste Reiz aus dem »Hüftgeflecht eines Frosches […] bis zum Eintritt des Schenkelnerven in den Wadenmuskel« braucht. Aus unserer Betrachtung der Kommunikationsgeschichte im ersten Kapitel wissen wir, dass mittels fließenden Stroms kommuniziert werden kann, so auch im Körper. Und nachdem klar war, dass es sich bei dem Geflecht im menschlichen Gehirn auch um Nervenfasern handelt, gehen wir davon aus, dass auch im Hirn mittels Elektrizität Nachrichten übertragen werden können.

Von Ausnahmen abgesehen, besteht eine typische Nervenzelle aus mehreren Teilen: einem Zellkörper (nach griechisch *sōma* für Körper) und zweierlei Zellfortsätzen, mehreren Dendriten (nach griechisch *dendron* für Baum) und einem Neurit (nach griechisch *neurites* für Nerven). Die Dendriten empfangen Reize oder Signale von anderen Nervenzellen, aufgrund derer sie einen Impuls bilden, den sie an den Zellkörper leiten.

Über den Neurit wird dagegen eine Erregung vom Zellkörper an andere Nervenzellen weitergeleitet.

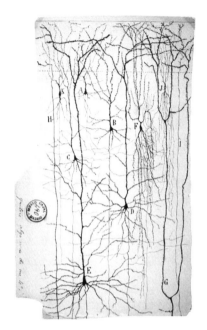

Abb. 5: Verschiedene Nervenzellen auf einer Zeichnung von Santiago Ramón y Cajal, modifiziert nach einer Fotografie des Papier-Originals

BEWEGUNGEN DER KÖRPER: VON ZUG UND STOSS, KRAFT UND WELLEN

Was wir sehen, hören, tasten, kurz: was wir mit unseren Sinnen wahrnehmen, nennen wir die Realität. Ob die Sachen wirklich so sind, wie sie uns erscheinen, können wir nicht sicher wissen und werden wir niemals sicher wissen. Das ist eine tiefe philosophische Frage, deren Diskussion während der vielen Jahrhunderte seit der Zeit der alten Griechen viele Bücher füllt. Verständigen wir uns an dieser Stelle darauf, die Aufgabe von Wissenschaft darin zu sehen, zu erklären, zu verstehen und vorherzusagen, was wir wahrnehmen können. Dazu schreiben Wissenschaftler*innen den Elementen, Systemen und Phänomenen unserer Wahrnehmung eine gewisse Struktur zu. Ob das gerechtfertigt ist, darüber kann man ebenfalls lange streiten. Wenn wir eine solche Struktur aber nicht als gegeben annehmen könnten, so wäre unsere Art und Weise, Wissenschaft zu betreiben, völlig sinnlos.

Unsere Auffassung von der Welt hängt davon ab, wie wir unsere Wahrnehmungen interpretieren. Das hat sich im Laufe der Zeiten oft und gravierend verändert. Seit dem Mittelalter hat sich die sogenannte moderne Wissenschaft als Werkzeug zur Erklärung der Welt weitgehend durchgesetzt und deren fundamentale Disziplin wurde die Physik.

In den Zeiten von René Descartes und Galileo Galilei war das zunächst die Beschreibung der Bewegungen von Körpern, die Kinematik (griechisch *kinema*: Bewegung). Als Gründe für Bewegungen kannte man Stoß und Zug. Durch die Einführung des Kraftbegriffs als Ursache für Bewegungsänderungen und seine Präzisierung durch Isaac Newton wurde diese Lehre, die Gottfried Wilhelm Leibniz Dynamik nannte (griechisch *dynamis*: Kraft), gemeinsam mit der Kinematik zur Mechanik, und diese wurde zur ersten Grundlagentheorie der modernen Physik. In den darauffolgenden Jahrhunderten differenzierte sich die Physik immer weiter aus: Neben den Festkörpern untersuchte man Flüssigkeiten und Gase, die Phänomene der Wärme, des Magnetismus, der Elektrizität und das Licht.

Lange Zeit hatte man der Vorstellung angehangen, dass letztlich alle Phänomene als das Verhalten großer, mittlerer, kleiner und kleinster Körper erklärt und verstanden werden könnten. Beim Licht zeigte sich dann aber zu Beginn des 19. Jahrhunderts, dass das nicht funktionierte. Newton hatte darauf bestanden, dass es sich beim Licht um kleine Korpuskeln (lateinisch *corpusculum*: Körperchen) handele, dem englischen Augenarzt Thomas Young aber gelang es mit Experimenten nachzuweisen, dass Licht Wellencharakter hat.

Wellen breiten sich im Raum aus, beispielsweise Wasserwellen oder auch Schallwellen. Wasserwellen erkennt man daran, dass sich das Wasser hebt und senkt, und zwar senkrecht zur Richtung ihrer Ausbreitung. Schallwellen dagegen bewegen sich (in ruhenden Gasen und Flüssigkeiten) in Richtung ihrer Ausbreitung. Wasser- und Schallwellen sind räumliche Veränderungen des Wassers beziehungsweise der Luft oder eines anderen Mediums, durch das der Schall transportiert wird. Es gibt aber auch Wellen, die kein Medium brauchen: Sie breiten sich im Vakuum aus. Das sind zum Beispiel die elektromagnetischen Wellen, und dazu gehören das Licht, aber auch die Röntgenstrahlung, die Infrarotstrahlung, die Ultraviolettstrahlung – das ganze elektromagnetische Spektrum. Andere Wellen, die kein Medium brauchen, sind Materiewellen und Gravitationswellen.

In der Physik gelang es nun, viele Phänomene entweder auf die Einwirkung von Kräften auf Teilchen oder auf Wellenphänomene zurückzuführen. Als die Naturwissenschaftler dann nach den kleinsten, nicht mehr teilbaren Teilchen, nach den »Atomen« suchten, entbrannte eine der wichtigsten Kontroversen in der Wissenschaftsgeschichte um die Frage, ob es denn solche Atome überhaupt gibt. Zudem mussten die Forscher im 20. Jahrhundert feststellen, dass ihre Erklärungsmodelle bei den Beschreibungsversuchen von Vorgängen innerhalb dieser als existent angenommenen Atome versagten.

Heutzutage gehen wir von Atomen beziehungsweise von noch kleineren »Elementarteilchen« als fundamentale Elemente der Naturwissenschaften aus: Elektronen, Protonen und Neutronen und Quarks. Ich habe Elementarteilchen aber in Anführungszeichen gesetzt, weil der Begriff »Teilchen« hier gar keinen Sinn ergibt. Diese Grundelemente sind keine Teilchen! Sie sind aber auch keine Wellen. Die schließlich geeignete Theorie dazu operiert mit Objekten, die weder Teilchen noch Wellen sein können. Man nannte sie »Quanten« und die dazugehörige Theorie heißt »Quantenmechanik«. Wofür Quanten stehen, was ihre Theorie beschreibt, kann man sich allerdings nicht bildlich vorstellen; sie entziehen sich der Anschaulichkeit.

Hier zeigte sich eine Kluft zwischen Wissenschaft und gesundem Menschenverstand, und schon die ersten Quantenmechaniker drohten darin zu versinken: Der österreichische Physiker Wolfgang Pauli schrieb 1925 an einen Kollegen, dass ihm die Physik »momentan wieder sehr verfahren« vorkomme und jedenfalls für ihn »viel zu schwierig« sei. Er wünschte, er »wäre Filmkomiker oder so etwas und hätte nie etwas von Physik gehört«.[33] Dem jungen Werner Heisenberg sagte er, dass es in der Atomphysik »eine Fülle von noch unverstandenen experimentellen Ergebnissen« gebe und: »Die Aussagen der Natur an einer Stelle scheinen denen an einer anderen Stelle zu widersprechen, und es ist bisher nicht möglich gewesen, ein auch nur halbwegs widerspruchsfreies Bild der Zusammenhänge zu zeichnen.«[34]

Auch Wissenschaftler*innen fällt es oft nicht leicht hinzunehmen, dass eine Kluft zwischen dem besteht, was unser gesunder Menschenverstand meint, und dem, was wissenschaftlich erarbeitete Theorien zulassen beziehungsweise ausschließen. Wenn sich im Zusammenspiel von Theorie und Experiment herauskristallisiert, dass die wissenschaftlich untermauerten Ergebnisse unseren Theorien entgegenstehen, kommt es zu den seltsamsten Reaktionen.

Ein anschauliches aktuelles Beispiel dafür ist die populäre und die populistische Reaktion auf die Resultate der vielen Klimaforscher, die mit ihren Warnungen und Forderungen gegen eine Wand von Unverständnis, Unwillen und Dummheit prallen. Das Leugnen von Problemen hilft allerdings nicht, die Probleme zu lösen. Wenn Probleme nicht gelöst werden, dann bleiben sie bestehen. Im schlimmeren Fall – wie der Klimakatastrophe, in die wir gerade wider besseres Wissen schlittern –, werden sie größer. Ich erinnere mich noch, dass vor wenigen Jahrzehnten ganz selbstverständlich von der Klimakatastrophe gesprochen wurde, dann setzte sich das Wort »Klimawandel« durch – eine krasse Verharmlosung dessen, was unserem Planeten bevorsteht. Das Wort sollte bewirken, dass das Geschehen als normal empfunden wird – ein Beispiel dafür, wie perfide auf der Klaviatur der Ebenen B und C des Weaver'schen Informationsbegriffs gespielt wird.

Diese wissenschaftstheoretischen Bemerkungen wollte ich Ihnen nicht vorenthalten, weil meines Erachtens nicht deutlich genug gesagt werden kann und nicht genügend verbreitet ist, wie nützlich es sein kann, dass wir uns selbst bei exaktnaturwissenschaftlichen Überlegungen »zwischen den Realitäten schwimmend zu halten« haben, wie Niels Bohr 1927 an Albert Einstein schrieb.[35]

RASHEVSKY ERGRÜNDET DAS MENSCHLICHE GEHIRN

Eine ganz andere Art der Wissenschaft hat sich mit der Untersuchung lebendiger Systeme entwickelt, die Biologie. Lange Zeit ging man davon aus, dass sich die Wissenschaft vom Lebendigen nicht auf eine ähnliche Basis stellen ließe, wie das bei der Wissenschaft der unbelebten Natur gelungen war. Noch zu Zeiten des Philosophen Immanuel Kant war das undenkbar, wie dieser selbst in seiner Kritik der Urteilskraft schrieb: Es sei »für Menschen ungereimt, […] zu hoffen, dass noch etwa dereinst ein Newton aufstehen könne, der auch nur die Erzeugung eines Grashalms nach Naturgesetzen, die keine Absicht geordnet hat, begreiflich machen werde: sondern man muss diese Einsicht den Menschen schlechterdings absprechen.«[36]

Im 20. Jahrhundert kamen dann aber erste Versuche auf, auch die Biologie auf die Basis einer mathematisch strukturierten Theorie nach dem physikalischen Vorbild zu stellen. Der 1899 in der damals russischen und heute zur Ukraine gehörigen Stadt Tschernigow geborene Nicolas Rashevsky war von dieser so sauber konstruierten Wissenschaft ungeheuer beeindruckt. 1924 emigrierte der 25-Jährige mit einem Studienabschluss in mathematischer Physik von der Universität Kiew in die USA, wo er zunächst in den Westinghouse Research Labs in Pittsburgh arbeitete und später im Department of Physiology der Universität von Chicago lehrte und forschte. Rashevsky wollte der Biologie eine mathematisch-theoretische Grundlage geben, und als deren Grundelemente sah er die Zellen. Insbesondere interessierte Rashevsky das Zusammenspiel der Nervenzellen.

Er sammelte eine Gruppe junger Forscher um sich, die sich der Erforschung der Dynamik neuronaler Netzwerke widmeten.[37] Seit 1938 hieß diese Gruppe »Committee on Mathematical Biophysics«, und ein Jahr später gab es das weltweit erste Doktorandenprogramm zur mathematischen Biologie, dem später sehr bekannt gewordene Wissenschaftler wie Alvin Weinberger, Alston Householder, Emilo Amelotti, Herbert Daniel Landahl, John M. Reiner und Gaylor J. Young angehörten. Um die Arbeiten dieser Gruppe schnell veröffentlichen zu können, gründete Rashevsky 1939 eine eigene wissenschaftliche Zeitschrift, das »Bulletin of Mathematical Biophysics«.

Rashevskys Theorie der Biologie fand in der Zelle die grundlegende Einheit des Lebendigen vor. Allerdings ignorierte er zugunsten eines mathematisch beschreibbaren Zellbegriffs – ähnlich wie in der Newton'schen Mechanik, wo von der Form der Körper auf einen Massenpunkt (also einen Körper, dessen ganze Masse in seinem Mittelpunkt zentriert ist) abstrahiert wird – viele Eigenschaften der natürlichen Zellen, die es in zahlreichen Variationen gibt: Keine Zelle ist einer anderen gleich, nicht alle Zellen haben einen Kern, einige haben auch mehr als einen, Zellen unterscheiden sich in Größe, Struktur und chemischer Zusammensetzung, einige – aber nicht alle – benötigen Sauerstoff usw.

Die abstrakte Definition einer Zelle klingt bei Rashevsky folgendermaßen: »Eine Zelle ist ein kleines flüssiges oder halbflüssiges System, in dem physikalisch-chemische Reaktionen stattfinden, sodass einige Substanzen aus dem umgebenden Medium in sie eindringen und durch diese Reaktionen in andere Substanzen umgewandelt werden. Einige dieser anderen Substanzen verbleiben im System, wodurch es an Größe zunimmt; andere diffundieren nach außen.« So wie die Massenpunkte in der Mechanik, so sah Rashevsky die Zellen den Wirkungen gewisser Kräfte ausgesetzt, und verschiedene mögliche Fälle zu analysieren eröffnete hier ein weites unerforschtes Feld: Viele Zellen können sich teilen, aber Nervenzellen können das nicht mehr. Sie haben diese Fähigkeit im Verlauf der Evolution fast vollständig verloren. Warum? Rashevsky überlegte, dass der grundsätzlich möglichen Nervenzellteilung starke Anziehungskräfte entgegenstehen könnten, die in den Nervenzellen wirken und deren Teilung verhindern.[38] Ähnlich vermutete er, dass es auch Kräfte geben könnte, die für die Lernfähigkeit der Organismen verantwortlich sind. Dafür suchte er nach einer mathematischen Theorie der Nervenfunktionen, die als neue Grundlage der Gehirnforschung dienen sollte. Insbesondere sollte sie erklären, wie Nervenzellen erregt werden und wie Erregungen auf andere Nervenzellen übergehen können. Zunächst führte er dazu abstrakte Grundelemente ein. Da er von ihnen nicht mehr sagen konnte, als dass sie eine Alternative bildeten, sich nämlich in einem von zwei möglichen Zuständen befinden können, »erregt« oder »gehemmt«, nannte er sie »Zwei-Faktor-Elemente« (*two-factor elements*). Rashevsky stellte sich vor, dass erregbare Elemente Fasern bilden und somit die Erregungen in Nervenfasern »gespeichert« werden.

Die »Zwei-Faktor-Elemente« sollten nicht nur aneinandergereiht, sondern auch als kompliziertere Netzwerke geknüpft werden können. So ähnelte die ganze Konstruktion den Netzwerken der Neuronen, die sich in natürlichen Gehirnen befinden. Rashevsky hatte ein Modell für natürliche Gehirne und ihre Struktur geschaffen, um das Verhalten von Gehirnen zu erklären. Dazu definierte er physikalische Begriffe wie die Energieminimierung und Differentialgleichungen, mit denen das Verhalten von Nerven und Nervennetzwerken beschrieben werden konnte, die mit den psychologischen Prozessen wie beispielsweise dem Pawlow'schen Konditionieren zusammenhängen.

Der russische Mediziner Iwan Petrowitsch Pawlow hatte 1904 für seine Arbeiten über die Verdauungsdrüsen den Nobelpreis für Physiologie oder Medizin erhalten. Teil dieser Arbeiten war sein experimenteller Nachweis des Prinzips der klassischen Konditionierung. Im Grunde beobachtete er das, was wir alle kennen, wenn wir vor unserer Lieblingsspeise sitzen: Es läuft einem das Wasser im Munde zusammen! Pawlow experimentierte aber nicht mit Menschen, sondern mit Hunden, deren Speichelsekretion auch nicht erst mit dem Fressvorgang beginnt, sondern schon, wenn sie das Fressen sehen. Womöglich läuft auch Ihnen bereits das Wasser im Munde zusammen, wenn Sie Lasagne, Steinpilz-Kürbistörtchen und Crème brûlée lesen, obwohl nichts davon jetzt auf Ihrem Tisch steht. Allein der Gedanke an den Genuss lässt Sie vielleicht gerade mehrmals schlucken, eventuell reicht es auch schon, wenn Sie Musik hören, die in Ihrem Stammrestaurant üblicherweise gespielt wird. Ähnliches fand Pawlow bei den Hunden heraus: Schon der Ton einer Klingel konnte deren Speichelfluss in Gang setzen und die Sekretion weiterer Verdauungssäfte auslösen, wenn diese zuvor regelmäßig vor der Fütterung der Hunde ertönt war. Das nannte Pawlow einen konditionierten Reflex: Da der Klingelton oft mit der sich anschließenden Fütterung ertönte, so Pawlows Erklärung, führte nach einiger Zeit allein dieser Reiz dazu, dass sich im Hundemaul Speichel sammelte.

EIN LOGIKKALKÜL FÜR DIE DER NERVENTÄTIGKEIT IMMANENTEN GEDANKEN

Zurück zu Rashevsky, dem natürlich klar war, dass mit seinen Ideen noch keine vollständige wissenschaftliche Theorie des Gehirns gegeben war. Sie reichten aber aus, um der These, man könne das Gehirn nicht verstehen, zu widersprechen. Dennoch ließen Kritiker nicht lange auf sich warten: Was sollte sich hinter diesen »Elementen« und »Faktoren« verbergen? Wie sollten diese Größen gemessen werden? Heute würden wir diese Elemente vielleicht als Bits – also als Dateneinheiten – bezeichnen, zu Rashevskys Zeit aber gab es diesen Begriff noch nicht.

Zu Rashevskys Forschergruppe gehörte ab 1941 auch der Psychiater und Neuroanatom Warren Sturgis McCulloch, und ein Jahr zuvor war bereits ein junger »Hilfswissenschaftler« namens Walter Pitts zu der Gruppe gestoßen. Pitts war Autodidakt ohne Universitätsabschluss, ein frühreifes Genie. Bereits als Zwölfjähriger hatte er die »Principia Mathematica« von Russell und Whitehead durchgearbeitet und in einem Brief an Russell problematische Stellen im ersten Teil des Werkes aufgelistet. Der Brief machte Eindruck auf Russell, und als er im Jahre 1938 Gastprofessor in Chicago war, lud er den Jungen dorthin ein. In Chicago lehrte auch Rudolf Carnap, der zuvor dem Wiener Kreis angehört hatte und nach seiner Flucht vor dem Nationalsozialismus hier eine Professur angetreten hatte. In Chicago erschien die englische Ausgabe seines Buches »Logische Syntax der Sprache«, und dass auch dieses Werk problematische Stellen enthielt, wollte Pitts nun ebenfalls mit dessen Autor besprechen. Auch Carnap war sehr beeindruckt von dem

Talent des Jungen und verschaffte ihm eine Anstellung an der Universität von Chicago, und zwar in der Forschergruppe von Rashevsky. McCulloch bot Pitts an, bei ihm zu Hause zu wohnen, wo die beiden eng zusammenarbeiteten. Im Jahre 1943 erschien ihr Artikel »Ein Logikkalkül für die der Nerventätigkeit immanenten Gedanken« (A logical calculus of the ideas immanent in nervous activity). Darin brachen sie mit den theoretischen Vorstellungen Rashevskys, und statt eines Differentialgleichungsmodells präsentierten sie einen logischen Kalkül, der das Verhalten von Neuronen in die Nähe von elektrischen Schaltkreisen rückte: Aufgrund der Erregungen beziehungsweise Hemmungen, die ihnen von anderen Neuronen im Netz übertragen wurden, wurden sie selbst »erregt« beziehungsweise »gehemmt«. Dies sind also auch hier die einzigen beiden Zustände, die eine solche abstrakte Nervenzelle – ein »McCulloch-Pitts-Neuron« (MCP) oder ein künstliches Neuron, wie man später auch sagte – einnehmen kann.[39] Dieses Alles-oder-nichts-Prinzip vollzieht die Verbindung zur damals etablierten Aussagenlogik: Die Aktivität eines Neurons wurde »Feuern« genannt, und die Analogie besagt nun, dass das »Feuern« oder »Nichtfeuern« der Neuronen dem Fließen oder Nichtfließen von Strom in Schaltkreisen entspricht, das wiederum für die logischen Wahrheitswerte »wahr« und »falsch« steht. Entsprechend miteinander verknüpfte Neuronen konnten also die logischen Operationen »und«, »oder«, die Negation usw. darstellen. Dazu mussten McCulloch und Pitts ihre abstrakten Neuronen als Schwellenwert-Elemente konzipieren: Die Werte der ein solches Neuron durch die Eingänge erreichenden Erregungsimpulse müssen einem Schwellenwert mindestens gleichkommen, damit das Neuron feuert. Wenn die Summe der Erregungswerte kleiner als der Schwellenwert bleibt, dann tut sich nichts (siehe Abb. 6).

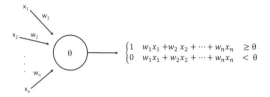

Abb. 6: Darstellung eines Schwellenwert-Elements. Die x_i sind die Eingänge, die w_i sind deren Gewichtungen, q ist der Schwellenwert. Erreicht die Summe der $w_i \times x_i$ den Schwellenwert q, dann feuert das Neuron (Wert 1), sonst nicht (Wert 0).[40]

Hat ein Neuron also beispielsweise den Schwellenwert 2 und kommen über zwei Eingänge jeweils Impulse mit dem Wert 1 an, dann erreichen die Werte aller eingehenden Impulse über alle Eingänge zusammengezählt diesen Schwellenwert 2, und das Neuron feuert. Dies entspricht einem logischen »und«. Hat ein Neuron in der gleichen Konstellation, also wieder zwei Eingänge mit jeweiligem Impulswert 1, aber nur den Schwellenwert 1, so erreicht ja schon einer der beiden Eingangsimpulse den Schwellenwert 1, und das Neuron feuert. Dies entspricht einem logischen »oder« (siehe Abb. 7).

Für die Negation, das logische »nicht«, wird dann noch das Konzept der Hemmung gebraucht (siehe Abb. 8).

Abb. 7: Darstellung des logischen »und« (englisch *and*) und des logischen »oder« (englisch *or*) durch Schwellenwert-Elemente. Links: logisches »und«: Die zwei Eingangswerte x_i haben jeweils den Wert 1, Schwellenwert q = 2 wird erreicht. Rechts: logisches »oder«: Der Schwellenwert q = 1 wird schon erreicht, wenn nur einer der Eingangswerte x_i den Wert 1 hat.

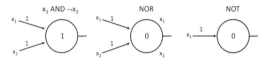

Abb. 8: Darstellung des logischen »nicht« (englisch *not*).

Das ähnelt den Überlegungen, die ein für uns jetzt schon alter Bekannter nur wenige Jahre zuvor angestellt hatte. Die Rede ist einmal mehr von Claude Elwood Shannon. Wir haben ihn schon als Begründer der Informationstheorie und als Mitbegründer des ersten Workshops über »Künstliche Intelligenz« im Dartmouth College 1956 kennengelernt. Zwei Jahrzehnte zuvor hatte er an der Universität von Michigan Mathematik studiert und war dann Forschungsassistent von Vannevar Bush im Elektrotechnik-Fachbereich des MIT geworden. Die beiden arbeiteten an dem damals berühmten »Differential Analyzer«. Shannon war fasziniert von den Relaisschaltungen dieses einzigartigen Analogcomputers, der zur Lösung von Differentialgleichungen genutzt wurde.

Shannon hatte gute Kenntnisse des Kalküls der symbolischen Logik mitgebracht, der ihm für die Analyse und Synthese dieser Schaltungssysteme geeignet schien. In seiner 1938 fertiggestellten Masterarbeit hatte er die Analogien zwischen logischen Aussagen und deren Verknüpfungen einerseits und elektrischen Schaltungen und deren Verbindungen andererseits analysiert und beschrieb die beiden Zustände elektromechanischer Relaisschalter (an/aus; Strom fließt/Strom fließt nicht) auf diese Weise (siehe Abb. 9 und 10). Seine Arbeit erschien im darauffolgenden Jahr in den »Transactions of the American Institute of Electrical Engineering«.

$$a \overset{X_{ab}}{\circ\!-\!\!-\!\circ} b \quad \overset{X}{\circ\!-\!\!-\!\circ}\overset{Y}{\circ\!-\!\!-\!\circ} = \overset{X+Y}{\circ\!-\!\!-\!\circ} \quad \begin{array}{c} \overset{X}{\circ\!-\!\!-\!\circ} \\ \overset{Y}{\circ\!-\!\!-\!\circ} \end{array} = \overset{X\cdot Y}{\circ\!-\!\!-\!\circ}$$

Abb. 9: Shannons Illustrationen zu Schaltungen, die er als Analogien zu logischen Aussagenverknüpfungen interpretierte[41]

Symbol	Interpretation in Relay Circuits	Interpretation in the Calculus of Propositions
X	The circuit X	The proposition X
0	The circuit is closed	The proposition is false
1	The circuit is open	The proposition is true
X + Y	The series connection of circuits X and Y	The proposition which is true if either X or Y is true
X Y	The parallel connection of circuits X and Y	The proposition which is true if both X and Y are true
X'	The circuit which is open when X is closed and closed when X is open	The contradictory of proposition X
=	The circuits open and close simultaneously	Each proposition implies the other

Abb. 10: Shannons Tabelle, in der Schaltungsverknüpfungen den Aussagenverknüpfungen als analog präsentiert werden[42]

Ähnlich wie Shannons Arbeit Ende der 1930er-Jahre die Vorstellung von der Realisierung logischer Schlussfolgerungen in sogenannten Elektronenrechnern vorbereitet hatte, ebnete die Arbeit von McCulloch und Pitts ein halbes Jahrzehnt später der Vorstellung von Gehirnen als Netzwerke elektrischer Schaltkreise den Weg.

DIE COMPUTERMETAPHER DES GEHIRNS

Um diese Vorstellung aber wirklich bekannt zu machen, bedurfte es eines einflussreichen Förderers, denn Rashevskys Zeitschrift, in der die beiden ihren Artikel publizierten, war nicht übermäßig verbreitet. Gelesen wurde sie allerdings von dem schon damals berühmten Mathematiker John von Neumann, der in Österreich-Ungarn in eine jüdische Familie geboren worden war, seine Karriere 1926 in der Zusammenarbeit mit dem großen Mathematiker David Hilbert in Göttingen begann, 1928 an der Berliner Universität jüngster Privatdozent wurde und 1933 in die USA auswanderte, wo er jüngster Professor am Institute for Advanced Study in Princeton wurde – und Computerpionier! 1942 besichtigte er an der University of Pennsylvania den ersten elektronischen und universell programmierbaren Computer ENIAC (Electronic Numerical Integrator and Computer) der Ingenieure John Presper Eckert und John William Mauchly noch in der Bauphase. Dabei erfasste er die Schwachstellen dieses Computers schnell und dachte über Verbesserungsvorschläge nach. Der ENIAC wurde erst 1946 fertiggestellt, aber die Planung für einen Nachfolgerechner EDVAC (Electronic Discrete Variable Automatic Computer) begann schon früher, und John von Neumann wurde Berater dieses Computerprojekts. Er übernahm es, einen »ersten Entwurf« (*first draft*) für das logische Design des EDVAC zu entwerfen und zu beschreiben. Dazu benutzte er die McCulloch-Pitts-Analogie von elektrischen Schaltungen und künstlichen Neuronen und deren »neuronalen« Wortschatz. Von Neumanns Konzept sah vor, dass ein gemeinsamer Speicher sowohl Computerprogrammbefehle als auch Daten enthält. Diesen Speicher nannte er »Gedächtnis« (*memory*), andere Komponenten des Rechners »Organe«. Er überlegte, ob die Eingangs- und Ausgangsorgane des Geräts äquivalent zu den Sinnes- und Bewegungsneuronen seien. Wie McCulloch und Pitts war auch ihm natürlich völlig klar, dass die Aktivitäten natürlicher Neuronennetze viel komplizierter sind, dennoch sprach er in seiner Beschreibung des EDVAC wie selbstverständlich von »Neuronen« anstatt von »Schaltkreisen«, von exzitatorischen (erregenden) und inhibitorischen (hemmenden) Synapsen, von Schwellenwerten, zeitlicher Summierung, relativer Hemmung, Stimulation und synaptischer Verzögerung.[43] So wurde die Computermetapher des Gehirns geboren. Diese Metapher war und ist sehr beliebt. Vor allem die Zeitungen griffen sie gerne auf und so wurden die Computer zu *mechanical*, *electronic*, *mathematical* oder sogar *wonder brains*.

Die letzte, posthume Veröffentlichung John von Neumanns war ein Manuskript mit dem Titel »Die Rechenmaschine und das Gehirn« (The Computer and the Brain). Die Universität Yale hatte ihn eingeladen, im Frühjahr 1956 die berühmten »Silliman Memorial Lectures« zu halten, eine ehrenvolle Einladung, die er sehr gern annahm. Kurz darauf wurde jedoch seine schon sehr fortgeschrittene Knochenkrebserkrankung diagnostiziert und er konnte nicht mehr reisen, geschweige denn vortragen. Seine Zeit reichte auch nicht mehr aus, das Manuskript zu vollenden: John von Neumann starb am 8. Februar 1957 im Alter von 53 Jahren. Das im selben Jahr von seiner Frau Klara herausgegebene unvollendete Manuskript beginnt mit einer Rechtfertigung: Er sei weder Psychiater noch Neurologe, sondern Mathematiker, und von diesem Standpunkt aus wolle er einen Weg finden, das Nervensystem zu verstehen. Aber dass sein Manuskript »einen Weg zum Verständnis« biete, sei schon eine Übertreibung. Es seien nur »mehr oder weniger systematisierte Spekulationen« dazu. Er betonte seinen Standpunkt, um klar zu sagen, dass es ihm hier vor allem um Logik und Statistik ging. Diese beiden Disziplinen bildeten für ihn auch die Grundlage der Informationstheorie, eine Theorie, in der es vor allem darum gehe, Wissen aus der Planung, Auswertung und Codierung komplizierter logischer und mathematischer Automaten zu gewinnen. Typische solche Automaten seien die elektronischen Rechenautomaten, die Computer. Von Neumann hätte wohl liebend gern eine Theorie dieser Automaten präsentiert, aber die gab es damals nicht, und so sprach er von einem »Erfahrungsschatz«, den er in diesen Vorlesungen strukturiert vorstellen wollte.[44]

DIE SUCHE NACH EINER WISSENSCHAFTLICHEN THEORIE DER GEHIRNTÄTIGKEIT

Die Anfänge des Computerzeitalters fielen zusammen mit dem Aufkommen von Kybernetik und Systemtheorie. Die Entwicklungen beeinflussten sich gegenseitig, und auch andere Wissenschaften blieben von diesen Neuerungen in Forschung und Technik nicht unberührt. Insbesondere gab es viele Anknüpfungspunkte zur Biologie sowie zu den Sozial- und Geisteswissenschaften, der Philosophie und der Psychologie, denn die Fragen nach Gehirn, Geist und Lernen betrafen sie alle. Eine Verbindung von Biologie und Psychologie lieferte die Verhaltensforschung, und in den 1950er-Jahren wurde eine bestimmte Ausrichtung in den USA populär und einflussreich, die nach dem englischen Wort *behavior* für »Verhalten« Behaviorismus genannt wurde. Schon 1913 hatte der Psychologe John Broadus Watson dazu einen Fachartikel publiziert, in dem er an Pawlows Arbeiten anknüpfte.[45] Watson meinte, dass lebendige Wesen ihre Umwelt nur durch eingehende Reize erfahren können. Das sind Licht und Laute, Gerüche und Geschmack, Ertastetes und Gefühltes; das können Schmerzen, Hitze, Kälte und Schwingungen sein – alle möglichen Umweltveränderungen, auf die der Organismus reagiert. Dieser ursprüngliche (oder auch klassische) Behaviorismus definierte jedes Verhalten eines Lebewesens als eine Folge aus Reiz und Reaktion (englisch *stimulus-response*) und leugnete, dass es auch anderes, nämlich angeborenes Wissen über die Umwelt gibt.

Anders als Watson schloss der Psychologe Burrhus Frederic Skinner in den 1950er-Jahren nicht mehr aus, dass es auch innerpsychische Prozesse gibt, die das Verhalten beeinflussen. Darüber könne ein Außenstehender allerdings nichts erfahren. Was im Bewusstsein eines Menschen geschehe, bleibe in seinem Inneren. Für den Außenstehenden ist das eine Blackbox. Eine sich hier aufdrängende Verbindung von Psychologie und Physiologie, die Bewusstsein, Geist, Denken und Lernen mit Gehirn, Nerven, deren Erregung und Hemmung in Bezug setzt, blieb zunächst noch aus. Skinner und Watson zeigten wenig bis kein Interesse an den Ergebnissen der Neurophysiologie, doch die Behavioristen der zweiten Generation sahen das schon anders. Manche unter ihnen entwarfen bald selbst Theorien über Hirnfunktionen. So wollte Karl Spencer Lashley den Behaviorismus mit seiner eigenen Forschung über neuronale Mechanismen und Lernen zusammenführen: Bei seinen Versuchen mit Ratten im Labyrinth entwickelte er die Hypothese, dass das Lernen in den Neuronen der Großhirnrinde geschehe.[46] Ein weiterer Verhaltensforscher der jüngeren Generation war Clark Leonard Hull, der sogar eine eigene mathematische Lerntheorie aufstellte. Er war ein Anhänger der Computermetapher des Gehirns und erwartete, dass mentale Prozesse in Zukunft im Computer nachgebildet werden könnten. Vor diesem Hintergrund lieferten sich Lashley und Hull eine berühmt gewordene Debatte über Intelligenz und Verhalten, die auch die Frage nach Rolle und Bedeutung von Vererbung oder Umwelt aufbrachte. Auf diese Thematik näher einzugehen, muss ich mir an dieser Stelle leider versagen.[47]

Im Jahre 1949 fand am California Institute of Technology in Pasadena das Hixon Symposium »Cerebral Mechanisms in Behavior« statt. Lashley vertrat hier die These, dass unsere Erinnerungen nicht in nur einem Teil des Gehirns lokalisiert sind.[48] Er erinnerte an die Arbeiten des spanischen Neurowissenschaftlers Rafael Lorente de Nó, der schon fünf Jahre früher darauf hingewiesen hatte, dass es im Gehirn auch geschlossene Neuronenkreise gebe: Neuronen leiten ihre Erregung an andere Neuronen weiter und nach mehreren Stationen kommen sie schließlich wieder zu den Ausgangsneuronen. Lashley stellte sich vor, dass unser Gedächtnis durch solche ununterbrochenen, in der gesamten Großhirnrinde verteilten Neuronenkreisprozesse manifest wird. Das gab der Suche nach einer wissenschaftlichen Theorie des natürlichen Gehirns in den 1950er- und 1960er-Jahren einen gehörigen Impuls.

Ein ehemaliger Schüler Lashleys, der kanadische Psychologe Donald Olding Hebb, schlug ebenfalls 1949 zwei aus neurophysiologischen Experimenten abgeleitete Prinzipien vor, die in eine Theorie der Gehirnfunktionen eingehen sollten. Das erste Prinzip zum Verhalten von Nervenzellen ist heute als »Hebbsche Lernregel« bekannt: Wenn ein Neurit einer Zelle A nahe genug ist, um die Zelle B zu erregen, und dies wiederholt oder andauernd tut, dann führt dies in einer der beiden oder in beiden Zellen zu einer stoffwechselbedingten Veränderung, sodass die Erregungswirkung von Zelle A auf Zelle B erhöht wird. Diese Regel fand bald eine eingängigere Formulierung: »Neurons that fire together wire together« – Neuronen, die zusammen feuern, sind miteinander verbunden.[49] Einige Jahre später ergänzte Brenda Milner, eine ehemalige Doktorandin von Hebb, diese Idee der neuronalen Anregung durch die entsprechende Idee der neuronalen Hemmung. Hebb übernahm diese bei späteren Beschreibungen seiner Theorie: Wenn Zelle A wiederholt oder anhaltend ein Signal an Zelle B sendet, aber B nicht feuert, so wird es weniger wahrscheinlich sein, dass Signale aus Zelle A Zelle B in Zukunft zum Feuern verleiten werden.[50]

In einem zweiten von Hebb aufgestellten Prinzip geht es um Ansammlungen sehr, sehr vieler solcher Nervenzellen (*cell assemblies*), die vielmals miteinander verbunden sind. Hebb behauptete, dass solche Gebilde Begriffe (*concepts*) unseres Wissens repräsentierten. Solche großen Ansammlungen miteinander verwobener Neuronen bilden ungeheuer komplexe Gebilde ohne strukturelle Regelmäßigkeiten. Dieses riesengroße Wirrwar stellte die Psychologen und Neurowissenschaftler vor eine schier unlösbare Aufgabe. Sie sahen sich außerstande, für diese komplexen Systeme Modelle zu finden, um sinnvolle Analysen durchzuführen.

In dieser scheinbar ausweglosen Situation kamen Hilfsangebote von den Nachrichtentheoretikern und von den Computerwissenschaftlern gerade recht. Schon 1949, als der Elektrotechniker und Computerkonstrukteur Wesley Allison Clark im Lincoln Lab des MIT den Memory Test Computer (MTC) als Nachfolger des Großrechners Whirlwind entwickelte, lernte er den Physiker Belmont Farley kennen, der sich – von Hebbs Arbeit inspiriert – für die Theorien zur Funktion natürlicher Gehirne interessierte. Mit dem neuen Computer programmierten sie erste Simulationen neuronaler Netzwerke. Auch der britische Physiker und Neuropsychologe Albert Uttley sah das große Potenzial dieser neuen Technologien für die Erforschung der neuronalen Hirnstruktur. Es ging ihm dabei aber nicht nur darum, deren Methoden und Technik für die Neurophysiologie zu nutzen. Er sah hier noch sehr viel mehr Übereinstimmungen, und in seinem Vortrag beim ersten »Symposium on Information Theory« in London 1950 vertrat er die Ansicht, dass es sich bei den vielen über Neuriten und Dendriten miteinander verknüpften Neuronen um eine Kommunikationsstruktur handele, die derjenigen ähnelt, die im Innern von Computern für den Transport von Zeichen und Nachrichten konstruiert wurde: Wie die Computer benötigen auch die Gehirne einen Eingang für die Signale, sie senden Signale über einen Ausgang weiter, sie können Signale speichern und sie können die eingehenden Zeichenreihen (Nachrichten) teilweise in Ausgabezeichen (Nachrichten) umwandeln. Das war seine Sichtweise auf die, wie er sagte, »beliebte und gefährliche Aufgabe des Vergleichs von Computer und Gehirn.«[51]

Drei Jahre später hatte sich das Interesse an Kommunikationstheorie und -technologie auch bei den Psychologen so weit verbreitet, dass auf ihrer Konferenz im niederländischen Amersfoort eine Sektion zum Thema »Kybernetik und das Nervensystem« ins Programm aufgenommen wurde. Der in den USA geborene niederländische Biophysiker George Karreman, der kurz zuvor bei Rashevsky promoviert hatte, sprach hier zum Thema »Informationstheorie der neuronalen Netze«. Dabei berief er sich auf Arbeiten von Alfonso Shimbel und Anatol Rapoport, die beide ebenfalls Mitglieder von Rashevskys Komitee für mathematische Biologie in Chicago waren und zentrale Nervensysteme als Kommunikationsnetze interpretiert hatten. Auf dem vierten Londoner Symposium zur Informationstheorie im Jahre 1960 empfahlen Clark und Farley, einen Hochgeschwindigkeits-Digitalcomputer als Werkzeug einzusetzen, um die Probleme der Hirnforschung anzugehen.[52]

Aber wie weit konnte die Analogie zwischen Computer und Gehirn gehen? Wann zeigten sich Eigenheiten der technischen und der natürlichen Systeme, die ihre Verschiedenheiten betonten? Wann mussten Modellannahmen angepasst oder abgeändert werden, damit die Computermetapher des Gehirns aufrechterhalten werden konnte?

VERSUCHE, MITHILFE VON COMPUTERN GEHIRNTÄTIGKEITEN ZU SIMULIEREN

In dem Jahrzehnt zwischen 1950 und 1960, als sich dieses prächtige interdisziplinäre Forschungsgebiet zwischen Psychologie und Neurophysiologie entwickelte, fanden in London insgesamt vier internationale Symposien zur Informationstheorie statt, eine Reihe, die übrigens erst im vorletzten Jahr, 2018, mit einer weiteren Konferenz wieder aufgenommen wurde. Das dritte Symposium im Jahre 1955 öffnete sich erstmals für Vorträge zur Hirnforschung, wie Tagungsorganisator Colin Cherry, der selbst Kognitions- und Kommunikationswissenschaftler war, danach in der Zeitschrift »Nature« berichtete: Am letzten Tag wurden psychologische und neurophysiologische Studien vorgestellt, und hier erfuhren die Zuhörer von Modellen für bestimmte Aspekte der Gehirnfunktionen, die ganz anders waren als jene aus den ersten Jahren dieser Forschungen, in denen man noch davon ausgegangen war, dass das Gehirn ein digitales Analogon zum Computer sei. Die neuen Modelle beruhten auf der Annahme, dass die Verbindungen der Neuronen untereinander in der Entstehungsphase des Gehirns zufällig zustande kamen.[53] Dieser Aspekt erwies sich als sehr fruchtbar!

Drei solche Arbeiten werde ich im Folgenden kurz skizzieren. Die erste stammt von dem jungen englischen Elektroingenieur Wilfred Kenelm Taylor, der damals in der Anatomie des Londoner University College angestellt war und dort sein Wissen und Können bei der Nutzung von Messgeräten, Mikroskopen, Steuerungssystemen und Fernsehtechnik einbringen konnte.[54] Mit großem Interesse verfolgte er die Diskussionen über Theorien und Hypothesen zum menschlichen Nervensystem, insbesondere seitdem die Neurophysiologen für ihre Forschungen mit elektronischen Bauteilen zu hantieren begonnen hatten und nun auch Mikroelektroden benutzten, um elektrische Potenziale an einzelnen Muskelfasern und Nervenzellen zu erfassen.

Nach einigen Jahren, in denen sich Taylor mit den natürlichen Neuronen insbesondere bei Säugetieren beschäftigt hatte, übersetzte er seine physiologischen und neurologischen Erkenntnisse über die Steuerung von natürlichen Bewegungen in Ingenieursprache. Er fragte sich, ob die natürlichen nervenphysiologischen Prozesse durch Steuerungssignale in elektrischen Funktionseinheiten nachgebildet werden können.[55] Die Lernregel von Donald Hebb interpretierte er so, dass das Lernen in natürlichen Gehirnen auf Veränderungen der Übertragungseigenschaften der Nervenfasern zurückgeführt werden könne. Jeder Neuronenimpuls, der für das Lernen eine Rolle spiele, erhöhe mit seiner Übertragung durch eine Nervenfaser deren Übertragungsstärke. Dieses »Neurons that fire together wire together« setzte er im Zusammenbau von elektrischen Modell-Nervenzellen zu einem automatischen analogen »Lernapparat« zusammen.[56] Um die elektrische Aktivität der interagierenden Neuronen in diesem künstlichen neuronalen Netzwerk berechnen zu können, wollte er einen Computer benutzen. Allerdings kam dafür keiner der damaligen Hochgeschwindigkeits-Digitalrechner in Frage: Die für sie aufzuwendende Programmier- und Rechenzeit wäre für Taylors Zwecke viel zu lang gewesen.

Die Abbildungen 11 und 12, die ich Taylors Symposiumsbeitrag entnommen habe, zeigen den Abstraktionsprozess von einem natürlichen zu einem künstlichen Neuron und von einem natürlichen zu einem künstlichen neuronalen Netzwerk.

Taylors »Lernapparat« sollte die Fähigkeit eines Menschen nachahmen, Muster zu erkennen und assoziativ zu lernen. Wie meistert unser visuelles System diese Aufgabe? Durch unsere Augen kommen ungeheuer viele Reize, Signale, Zeichen in unser neuronales Netzwerk. Wie ordnet und strukturiert unser Gehirn diese vielen Eindrücke?

An die Stelle der natürlichen Netzhaut (Retina) unserer Augen setzte Taylor eine quadratische Anordnung von $9 \times 9 = 81$

lichtempfindlichen elektronischen Elementen, die eine »künstliche Netzhaut« bildeten.

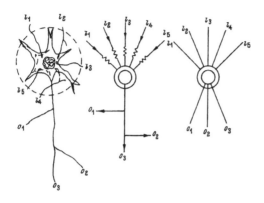

Abb. 11: Taylors Illustration des Abstraktionsprozesses von einer natürlichen zu einer künstlichen Nervenzelle[57]

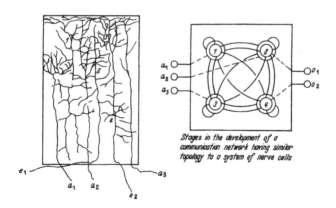

Abb. 12: Taylors Illustration der Input-Output-Verbindungen bei natürlichen und künstlichen Nervenzellen[58]

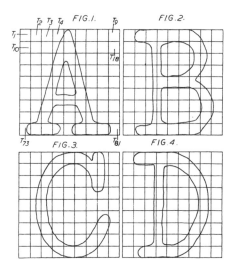

Abb. 13: Taylors Illustration zu vier Buchstaben
auf einer Matrix von 81 Wandlern[59]

Dieser »künstlichen Retina« zeigte er Muster aus schwarzen oder grauen Buchstaben, Zahlen oder andere einfache Muster in verschiedenen Positionen (siehe Abb. 13). Elektronische Bauelemente, sogenannte Wandler, erzeugten aus der »gesehenen« Lichtintensitätsverteilung auf der Retina entsprechende elektrische Stromimpulse – heute wird dazu eine Fotodiode verwendet. Diejenigen Wandler, die das Bild der Figur erfassten, lieferten einen Ausgangsimpuls, während die anderen keinen Impuls auslösten.

Die Verbindungen zwischen Eingangs- und Ausgangsimpuls innerhalb des Apparates hatte Taylor so konstruiert, dass sie auf verschiedenen Wegen durch das Netzwerk führen konnten, und ein elektronischer Zähler registrierte für jedes Zeichen die Impulse auf diesen Wegen und addierte sie. Zwar waren alle Impulse gleich groß, je mehr Impulse aber das Empfängerneuron erreichten, desto stärker wurde der die Neuronen verbindende Weg bewertet und gespeichert.

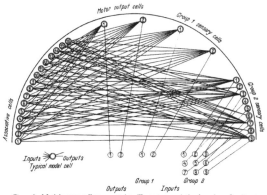

Figure 9. Model nerve cells connected to illustrate associative learning of patterns.

Abb. 14: Taylors Illustration zu Verknüpfungen der Modell-Nervenzellen für das assoziative Musterlernen[60]

Taylors Experimente zeigten, dass seine analoge Maschine das Nervensystem in gewisser Weise imitieren konnte, und es funktionierte in Echtzeit. Allerdings ließen sich mit diesem Apparat nur einige wenige und sehr einfache Formen klassifizieren. Außerdem wurde deren Speicherung schnell schwächer, wenn sie dem Gerät nicht bald erneut gezeigt wurden und so verstärkend wirkten, ähnlich wie unsere Erinnerung an ein auswendig gelerntes Gedicht verblasst, wenn wir es nicht wieder und wieder aufsagen.

Colin Cherry förderte Taylor, dessen Arbeit nach seiner Überzeugung zu einem Klassiker werden könnte. Heute ist Taylors Arbeit aber nahezu unbekannt. Zwar hatte er am

17. September 1959 ein US-Patent für seinen »Recognition Apparatus« angemeldet, aber es dauerte mehr als fünf Jahre, bis er am 18. Mai 1965 das Patent für seine Erfindung erhielt. Während dieser Zeit hatten sich auch andere Forscher mit Mustererkennungsapparaten beschäftigt. Schon als »The New Scientist« im November 1958 Taylors »Lerngerät« vorstellte, wurde im gleichen Artikel auch eine andere »Lernmaschine« präsentiert, die sehr viel bekannter werden sollte. Sie war von Oliver Selfridge konstruiert worden, den wir schon im vorherigen Abschnitt als einen Teilnehmer der »Dartmouth Summer School on Artificial Intelligence« im Sommer 1956 kennengelernt haben. Seiner Arbeit wenden wir uns jetzt zu.[61]

MUSTER ERKENNEN

Der in London geborene Selfridge war Doktorand von Norbert Wiener, wurde mit seiner Doktorarbeit aber nie fertig und brach irgendwann ab. Er war mit Marvin Minsky befreundet und hatte schon in den ersten Märztagen 1955 auf der »Western Joint Computer Conference« in Los Angeles einen Vortrag über Mustererkennung und moderne Computer gehalten. Damals hatten die Organisatoren der Tagung eine Sektion über »Lernende Maschinen« ins Programm aufgenommen, an der neben Selfridge auch Farley und Clark und Gerald P. Dinneen teilnahmen. Sie alle arbeiteten am Lincoln Laboratory des MIT und sie alle hatten den Memory Test Computer (MTC) für ihre Systeme programmiert. Das Programm, das Selfridge auf dieser Konferenz vorstellte, sollte ähnlich wie Taylors Apparat die menschliche Fähigkeit simulieren, Muster zu erkennen.

Selfridge und Dinneen experimentierten mit sehr einfachen Mustern, mit A's und O's, also Großbuchstaben, dann auch mit Quadraten und Dreiecken. Solche Muster kann man sich aus wenigen Elementen wie Linien, Kanten und Kurven zusammengesetzt denken, und die Älteren unter Ihnen werden sich noch daran erinnern, dass die Druckbuchstaben auf den frühen Lochpapierausdrucken und auch die bernsteinfarbenen oder grünen Buchstaben auf den Computerbildschirmen der 1980er-Jahre genauso zusammengesetzt aussahen. Selbst wenn sich diese Muster in ihrer Größe unterscheiden oder um einiges geneigt werden, ändern sie sich ansonsten nicht. Vergrößert man beispielsweise den Buchstaben »R«, so bleibt er ein »R«, und wenn man ihn auf den Kopf stellt, dreht, oder in einer anderen Schriftart schreibt oder druckt, bleibt er auch ein »R«.

Um die natürliche Netzhaut technisch nachzubauen, verwendeten Selfridge und Dinneen eine sehr viel größere Projektionsfläche als Taylor. Ihre Matrix hatte 90 × 90 Felder. Ein Bild konnte daher aus insgesamt 8100 schwarzen oder weißen Zellen aufgebaut werden, ähnlich wie ein Foto in einer damaligen Zeitung, mit der Einschränkung, dass es keine Grautöne, sondern nur Schwarz und Weiß gab. Wenn »Schwarz« als Eins (1) und »Weiß« als Null (0) interpretiert und für jedes der 8100 Felder der »Netzhaut-Matrix« dieser Wert in einen ihm zugewiesenen Speicherregisterplatz im Computer geschrieben wurde, dann ließ sich ein dem System »gezeigtes« Bild beschreiben, indem der Inhalt dieser Speicherzellen ausgewertet wurde.

In seinem Vortrag »Pattern Recognition and Learning« auf dem Londoner Symposium von 1955 ging es Selfridge darum, solche Datensätze in Kategorien einzuordnen. Gelernt wurden dazu die Definitionen dieser Kategorien, die mithilfe der von Dinneen ersonnenen Operationen konstruiert wurden, um die Bilder anhand »signifikanter Kriterien«, zum Beispiel vier Ecken zur Identifizierung eines Quadrats, zu klassifizieren. Selfridge entwickelte ein System, das auch »andere Arten von Merkmale[n] wie Krümmungen und das Nebeneinander von einzelnen Punkten, d.h. deren relative Ausrichtung und Abstände« und so weiter erkennt.[62]

Ausgehend von einem Originalbild aus den 90 × 90 schwarzen oder weißen Zellen ergaben sich Einsen und Nullen, und die gezählte Summe der Einsen wurde mit den gespeicherten Zahlen für die Symbole verglichen. Wenn die Übereinstimmung ausreichend war, identifizierte das System das Bild mit dem Symbol.

Selfridge nannte sein Mustererkennungssystem »Pandämonium«.[63] Das ist eine Wortzusammensetzung aus dem Griechischen und kann etwa mit »alle Dämonen« übersetzt werden. In John Miltons Epos »Paradise Lost« aus dem Jahre 1667 ist »Pandämonium« der Name der Hauptstadt der Hölle. Die Geschöpfe auf Erden, im Himmel und in der Hölle leben in Hierarchien, und die höllische Hierarchie ist eine abgestufte Skala von Teufeln oder Dämonen.

Auch Selfridges Pandämonium hatte eine hierarchische Struktur. Es gibt verschiedene »Dämonen«, und das sind hier Bezeichnungen für Teile künstlicher Neuronennetze, die jeweils gewisse Aufgaben im Verlauf des Erkennens visueller Reize haben. Dämonen sind also spezialisierte »Zellansammlungen«, die ihre Inputs von Dämonen der niedrigeren Hierarchiegruppe erhalten, ihren Job ausführen und die Ergebnisse an Dämonen der höheren Hierarchiegruppe weitergeben.

WAS FÜR EIN GESCHREI!

Drei Jahre später präsentierte Selfridge sein »Pandämonium« auf dem »Symposium on Mechanisation of Thought Processes« im National Physical Laboratory in Teddington, Middlesex. Im Bild der Dämonen funktionierte das System folgendermaßen: Ein »Bilddämon« registriert zu Beginn des Wahrnehmungsprozesses ein Bild, das dem Systemauge vorgelegt wurde.

Im nächsten Schritt analysiert jeweils ein »Merkmalsdämon« die Charakteristik des Musters hinsichtlich jedes definierten Merkmals, wie etwa gerade Linien, Kanten, Kurven. Beispielsweise könnte zur Unterscheidung der Buchstaben A, H, V und Y dies aufgrund des Vorhandenseins oder Fehlens von drei Merkmalen entschieden werden: Gibt es eine Konkavität an der Oberseite? Gibt es eine Querlinie? Gibt es eine vertikale Linie? Das könnte durch Abfragen dieser Merkmale nacheinander geschehen: »Gibt es eine Konkavität auf der Oberseite?« Wenn die Antwort nein ist, handelt es sich bei dem Beispiel um ein »A«. Wenn die Antwort ja ist, fragt das Programm weiter: »Gibt es eine Querlinie?« Wenn ja, dann zeigt das Muster den Buchstaben »H«; wenn nicht, dann kommt es zur nächsten Frage: »Gibt es eine vertikale Linie?« Wenn ja, dann ist der Buchstabe ein »Y«, wenn nein, dann ist es ein »V«.

In Selfridges Pandämonium werden alle diese Fragen parallel gestellt und alle Antworten gleichzeitig gegeben, und zwar werden sie von den jeweiligen Dämonen lauthals gerufen. Die Muster werden also durch die Kombination der unterschiedlichen Antwortrufe identifiziert. Dazu inspizierten die Merkmalsdämonen die verschiedenen Merkmale und rufen dann alle gemeinsam in Richtung der nächsten Dämonen-Hierarchie. Was für ein Geschrei! Das so entstehende Konzert hat zur Bezeichnung »Pandämonium« geführt, dessen englische Übersetzung *pandaimonum* auch für »Tumult« und »Chaos« steht.

Die nächste Hierarchie-Ebene ist von »kognitiven Dämonen« bevölkert, von denen jeder für ein bestimmtes Muster zuständig ist, zum Beispiel für einen der Buchstaben. Je mehr Merkmale ihres Musters die Merkmalsdämonen im Schritt vorher erkannt haben, desto lauter haben sie geschrien und desto lauter werden nun auch die kognitiven Dämonen schreien. Wenn beispielsweise die Merkmalsdämonen für »gekrümmt«, »lange Gerade« und »kurze abgewinkelte Linie« laut schreien, können auch die kognitiven Dämonen für den Buchstaben »R« und für den Buchstaben »P« schreien; der kognitive Dämon für den Buchstaben »Z« dagegen muss still bleiben.

Am Ende des Prozesses obliegt es einem »Entscheidungsdämon« zu sagen, welchen Buchstaben das System »erkennt«. Seine Entscheidung basiert auf der Intensität des am lautesten schreienden kognitiven Dämons, und nachdem er entschieden hat, kehrt Ruhe ein, bis das nächste Muster vorgelegt wird.

EIN HILFREICHER DUMMKOPF ODER DAS IDIOTENGEHIRN UND SEIN MACHER

Und ein drittes »theoretisches Hirnmodell« aus dieser Zeit möchte ich hier vorstellen. Es wurde ebenfalls auf dem Londoner Symposium 1955 erstmals präsentiert und diskutiert. Es stammte von dem jungen Psychologen Frank Rosenblatt, der im Cornell Aeronautical Laboratory arbeitete. Auch hier sollte ein menschengemachtes System Muster wahrnehmen und erlernen, Reize in seiner Umgebung zu erkennen und voneinander zu unterscheiden. Rosenblatt nannte das System »Perceptron« (deutsch Perzeptron) nach dem englischen Wort *perception* für »Wahrnehmung«, ursprünglich aus dem lateinischen *percipere* kommend. Wie begeistert der Psychologe Rosenblatt von der Computerisierung wissenschaftlicher Arbeit war, zeigt ein Blick auf sein sehr kurzes Leben (er starb genau an seinem 43. Geburtstag bei einem Bootsunglück).

Am 15. Oktober 1953 hatte ein »Dummkopf« (*dimwit*) unter den Elektronengehirnen seine ersten Idiotentests bestanden. Das vermeldeten einige Lokalzeitungen wie »The Indianapolis Star«,[64] »The Philadelphia Inquirer«[65] und das »Albuquerque Journal« unter der Schlagzeile »Machine passes Test as Moron«. Das letzte Wort lässt sich mit »Schwachkopf« oder »Trottel« übersetzen; was es damit auf sich hatte, verrieten die Zeitungen im Artikel: Der damalige Psychologie-Doktorand Frank Rosenblatt von der Cornell University habe einen elektronischen Computer entworfen, der ihm bei der Lösung mathematischer Probleme in seiner Doktorarbeit helfe. Rosenblatt habe erklärt, dass er diesen »Idioten« gebaut habe, weil er eben einen Idioten brauchte, der nur eine Art von Problem lösen könne. Es handelte sich darum, die vielen Antwortergebnisse aus Persönlichkeitstests zu vergleichen. Der hilfreiche Dummkopf, der dies – soweit bekannt ist – nicht als Beleidigung oder Erniedrigung empfand, hieß EPAC (Electronic Profile Analysis Computer) und löste das Problem in zwei Sekunden, während ein Mensch dafür schätzungsweise 15 Minuten gebraucht hätte.[66]

Genaueres konnte man aus den »Cornell Alumni News« am 1. Dezember desselben Jahres erfahren. Sie druckten auch ein Bild des »›Idiot Brain‹ and Its Maker« (siehe Abb. 15). Ersteres war ein spezieller Digitalcomputer, Letzterer war Rosenblatt, für den der Rechner statistische Koeffizienten des psychologischen Tests berechnete. Der damalige Doktorand hatte Fragebögen an eine Stichprobe von 201 Cornell-Studenten verteilt, und für die Auswertung waren etwa 20.000 Gleichungen zu lösen, um Ähnlichkeiten der Antwortmuster zu finden, anhand derer Rosenblatt dann die Persönlichkeiten der Befragten klassifizierte.[67] Offenbar waren das »›Idiotengehirn‹ und sein Macher« so erfolgreich, dass dieses »Team« auch anderen Psychologen und Anthropologen an der Universität helfen konnte.[68]

Drei Jahre vor dem Dartmouth-Workshop, der, wie wir gehört haben, vielen als Beginn der Forschungen zur KI gilt, wurde hier ein Computer gerade nicht als intelligent, sondern als dumm bezeichnet. Warum? – Weil er nur die eine Aufgabe abarbeiten konnte, für die er konstruiert worden war.

Rosenblatt wurde 1950 mit seinem frischen Bachelor-Abschluss in Psychologie von der Cornell University für mehr als ein Jahr Fellow des U.S. Public Health Service, wo er sich mit der Erforschung von Schizophrenie beschäftigte, aber bereits in dieser Zeit interessierte er sich insbesondere für die Analyse von Messdaten. Bei seiner Doktorarbeit betreuten ihn die Psychologieprofessoren James Jerome Gibson und William Lambert. Weitere Beratung erhielt er von den Psychologieprofessoren Julian Hochberg und T(homas) Arthur Ryan. Letzterer war auch ein Pionier im Bereich des statistischen Rechnens.

"**Idiot Brain**" **and Its Maker**—Frank Rosenblatt, who received the AB in 1950 and is now in the Graduate School, manipulates the electronic computer he designed and built for his research in the Psychology laboratories in Morrill Hall. He calls it an idiot brain because the machine can solve only one kind of problem. *Goldberg, Photo Science*

Abb. 15: Rosenblatt und sein EPAC-Computer an der Cornell University im Jahre 1953[69]

Ähnlich wie Taylor und Selfridge wollte auch Rosenblatt die neurophysiologischen Prozesse mittels elektrotechnischer Gerätschaften möglichst naturähnlich nachbilden. Auch er nahm an, dass die über die Augen ins Gehirn kommenden Zeichen beziehungsweise Stimulationen aufgrund ihrer Unterschiede geometrischer Art oder hinsichtlich ihrer Helligkeit oder ihrer Farben in verschiedene Klassen eingeteilt werden könnten. Wahrnehmung war auch für Rosenblatt ein Klassifizierungsprozess, und der Hebb'schen Lernregel folgend sollten diejenigen Reize oder Nervenerregungen, die am häufigsten gemeinsam auftreten, in die gleiche Klasse gehören. Rosenblatt sah seine Arbeit allerdings nicht nur in der Tradition der

Hebb'schen Thesen, sondern auch in der Theorie des österreichischen Nationalökonomen und Psychologen Friedrich August von Hayek begründet. Dieser hatte 1953 in seinem Buch »The Sensory Order: An Inquiry Into the Foundations of Theoretical Psychology« Überlegungen darüber angestellt, dass die »mentale Ordnung« gemäß einer »sensorischen Ordnung« strukturiert sein könnte. Nach dieser Theorie spiegelt die Organisation sensorischer Klassen (Farben, Texturen usw.) die Organisation der physischen Umgebung wider, der die empfangenen Stimulationen entstammen. Als im Sommer 1957 in Brüssel der 15. Internationale Psychologische Kongress stattfand, stellte Rosenblatt seine Untersuchungsergebnisse dort vor. Auch er konzentrierte sich auf die visuelle Wahrnehmung, das Sehen. Er wollte die menschliche Fähigkeit verstehen, mit den Augen zu sehen, das Gesehene im Gehirn zu verarbeiten und das Verarbeitete zu interpretieren. Wie könnte eine Theorie aussehen, die beschreibt, wie unser Gehirn kognitiv organisiert ist? Wie erkennen wir die vielen Gegenstände unserer Umwelt? Wie nehmen wir deren Verschiedenheit wahr?

Am 8. Juli 1958 berichtete die »New York Times«, dass die US-Navy am Tag zuvor der Öffentlichkeit in Washington »einen Embryo eines elektronischen Computers« vorgestellt habe. Während der Demonstration habe dieses Programm im 2-Millionen-Dollar-Computer des Weather Bureaus (der IBM 704) nach 50 Versuchen gelernt, zwischen rechts und links zu unterscheiden.[70] Das war reißerisch formuliert. In Wahrheit hatte Rosenblatt den Computer zwei Sorten von Karten einlesen lassen, von denen die einen Felder auf der linken Seite, die anderen Felder auf der rechten Seite hatten. Nachdem das System etwa 50 gestanzte Karten »gelesen« hatte, konnte es ein Q für die linken Felder und ein O für die rechten Felder registrieren. Rosenblatt behauptete stark übertreibend, dass er eine »Denkmaschine« entworfen habe, die bald auch lesen und schreiben könne. Innerhalb eines Jahres wolle er nun ein Simulationsprogramm entwickeln, und er stellte schließlich für die Zukunft den Bau einer realen Maschine in Aussicht. Das ganze Vorhaben sollte etwa 100.000 US-Dollar kosten.

»ZUM ERSTEN MAL HABEN WIR EINE MASCHINE, DIE IN DER LAGE IST, ORIGINELLE IDEEN ZU HABEN.« WIRKLICH?

Im darauffolgenden Jahr erhielt das System den Namen »Perceptron«. Wie Taylor und Selfridge stattete auch Rosenblatt sein System mit einem künstlichen »Auge« aus, dessen »Netzhaut« aus lichtempfindlichen Zellen bestand (siehe Abb. 16). Jeder »Sinnespunkt« auf der künstlichen »Netzhaut« erzeugte einen elektrischen Impuls, der an eine der sogenannten A-Einheiten (A wie Assoziation) im Projektionsfeld ging. Diese A-Einheiten waren fest über Leitungen mit den S-Einheiten auf der Retina verbunden. Eine S-Einheit, die zu dem Muster gehörte, das dem Auge vorgelegt wurde, leuchtete auf und sendete einen erregenden (positiven) Impuls an einige mit ihm verbundene A-Einheiten, dagegen sendete sie ein hemmendes (negatives) Signal an bestimmte andere mit ihm verbundene A-Einheiten. Eine S-Zelle konnte über solche Verbindungen also zu mehreren A-Einheiten positive beziehungsweise negative Impulse senden. Zwischen dem Projektionsfeld und der nächsten Schicht, dem eigentlichen Assoziationsfeld, verliefen zufällig angeordnete Verbindungen, über die elektrische Signale von den A-Einheiten des Assoziationsfeldes ausgehend zum Entscheidungsfeld gelangen konnten.

Die A-Zellen hatten aber entsprechend dem Vorbild von McCulloch und Pitts einen festen Schwellenwert, der durch den Summenwert der von den S-Zellen kommenden (gefeuerten) Impulse erreicht werden musste, damit die A-Zellen ihrerseits einen Impuls an künstliche Neuronen im Entscheidungsfeld sendeten (feuerten). Diese künstlichen Nervenzellen hießen »R-Einheiten« oder R-Zellen (R für das englische Wort *response*: Antwort, Reaktion). Außerdem war jede A-Zelle durch eine Output-Variable charakterisiert, die einen Ausgangswert angab, wie zum Beispiel die Häufigkeit ihres Feuerns. Dieser Wert diente als Zähler für die »Gedächtnisfunktion« des Systems.

Das Entscheidungsfeld war in seiner Funktion dem motorischen Cortex als Teil der Großhirnrinde nachempfunden und seine »R-Einheiten« ließen Lämpchen auf einer Matrix aufleuchten, wenn der mittlere Wert der von den A-Einheiten kommenden Signale einen bestimmten Wert erreichte. In diesem Falle sendeten die R-Einheiten »R = 1« an diejenige A-Einheit zurück, von der der Impuls kam, im andern Fall wurde die Entscheidung »R = 0« gesendet. Wenn gar kein Signal an einer R-Einheit ankam, wurden neutrale Einheiten aktiv, und das System lieferte keinen Ausgang.

Im erfolgreichen Fall entstanden Output-Muster, die dem Muster entsprachen, das dem System zur »Wahrnehmung« gezeigt wurde. Die R-Zellen sendeten zudem Feedback-Signale an die Einheiten des Assoziationsfeldes, die Doppelzählungen etc. verhinderten.

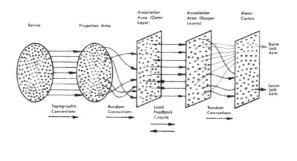

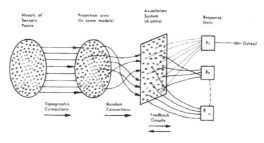

Abb. 16: Organisation eines natürlichen Gehirns und eines Perzeptrons[71]

So »lernte« das System, ob die von ihm getroffenen Entscheidungen richtig oder falsch waren. Das geschah, wenn die jeweiligen Entscheidungen »R=1« und »R=0« zurück an das Assoziationsfeld geschickt wurden. Diese Rückmeldungen bewirkten bei den A-Einheiten im Assoziationsfeld im Falle von »R=1« eine Verstärkung, weil dann ihr Aktivierungswert erhöht war, und im Falle von »R=0« eine Hemmung, weil kein Wert aufsummiert wurde (siehe Abb. 17). Die R-Signale trugen somit zur Aktivitätsrate der sie empfangenden A-Einheit bei. So zeigte die Aktivität der R-Einheiten die Reaktion auf die jeweiligen Reize. Ein fundamentales Merkmal des Perzeptrons war also, dass es bei Aktivität einer A-Einheit eine anhaltende

Nachwirkung gab. Diese Nachwirkung nannte Rosenblatt eine
»Gedächtnisspur« (Memory Trace):

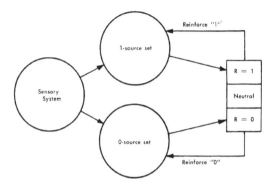

Abb. 17: Detaillierte Organisation eines einzelnen Perzeptron[72]

Anfangs, wenn das Perzeptron den Signalen oder Reizen der ihm vorgelegten Muster erstmalig ausgesetzt wird, werden die auftretenden Reaktionen aus der Entscheidungsschicht eher zufällig ausfallen, doch mit der Zeit verändert sich die Struktur der Assoziationseinheiten aufgrund der »Nachwirkungen«, denn mit jeder Aktivität wird die jeweilige Zelle »stärker« und so werden ihre Ausgangssignale, mit denen sie auf einen festen Reiz reagiert, ebenfalls stärker. Die Wahrscheinlichkeit, dass eine Assoziationseinheit feuert, steigt mit jeder Aktivierung weiter an, ihre individuelle Reaktionsfähigkeit wird so immer spezifischer für bestimmte, gut differenzierte Klassen von Formen wie Quadrate, Dreiecke, Wolken, Bäume oder Menschen werden. Wegen dieser Argumentation mit Wahrscheinlichkeiten wählte Rosenblatt auch für dieses Forschungsprojekt wieder einen statistischen Zugang.

Jetzt ging es darum, die Theorie zu vervollständigen und zu zeigen, dass ein nach diesen Prinzipien funktionierendes elektronisches Gehirn machbar war. Im Herbst begann das Team, das Rosenblatt um sich gesammelt hatte, mit der Arbeit an einem Perzeptron-Simulationsprogramm. Das System sollte zwischen einem Kreis und einem Quadrat zu unterscheiden lernen und Rosenblatt variierte die Anzahl der A-Einheiten von 100 auf 200 und schließlich auf 500.

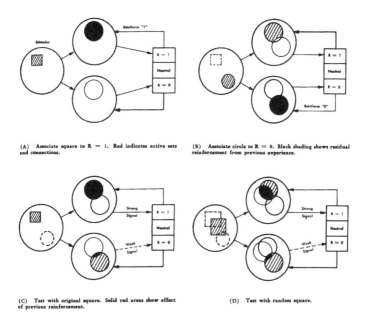

Abb. 18: Beispiele zu Rosenblatts Experimenten mit dem Perzeptron[73]

Wie die Kurven seiner Experimente zeigen, näherten sich die relativen Häufigkeiten der richtigen Reaktion bei identischen

Reizen einer Testfigur während der Trainingszeit einem recht hohen Wahrscheinlichkeitswert an. Rosenblatt nannte dies »die Fähigkeit des Perzeptrons, sich zu erinnern«. Die relativen Häufigkeiten, dass für jeden zufällig ausgewählten Reiz aus einer zuvor definierten Klasse die richtige Antwort erfolgte, näherten sich mit steigender Reizanzahl demselben Wahrscheinlichkeitswert, und dies nannte Rosenblatt »die Fähigkeit des Perzeptrons zur Generalisierung«. Die Tatsache, dass diese beiden Wahrscheinlichkeitswerte gleich waren, bewies die hervorragende Lerneigenschaft des Perzeptrons in beiden Fällen, egal ob es den jeweiligen Reiz vorher »gesehen« hatte oder nicht.[74]

Je höher die Anzahl der Assoziationseinheiten im Perzeptron war (100, 200 oder 500), desto mehr reichte die Wahrscheinlichkeit für korrektes Lernen an Eins heran. Wenn man bedenkt, dass die Anzahl der Einheiten im Perzeptron verglichen mit den 10^{10} Nervenzellen im menschlichen Gehirn nur winzig klein ist, war das Perzeptron-Simulationssystem tatsächlich eine »bemerkenswerte Maschine«, wie der »New Yorker« am 6. Dezember 1958 schrieb. Dass sie in der Lage sei, sich eigene Gedanken zu machen, war allerdings genauso übertrieben wie die Prophezeiung, die das Magazin – hier Rosenblatt zitierend – wiedergab: Der erfolgreiche Bau eines Perzeptrons bedeute, dass erstmals ein nicht biologisches Objekt sinnvoll seine Außenwelt organisieren könne. Auch anderenorts wusste Rosenblatt dick aufzutragen: »Zum ersten Mal haben wir eine Maschine, die in der Lage ist, originelle Ideen zu haben«, zitiert ihn »The New Scientist« 1958, und das Perzeptron sei ein Analogon zum biologischen Gehirn, das den Anforderungen an eine funktionelle Erklärung des Nervensystems näher komme als jedes früher vorgeschlagene System.⁷⁵ Der »New York Times« hatte er im selben Jahr gesagt, dass es ihm prinzipiell möglich erscheine, Gehirne zu bauen, die sich am Fließband reproduzieren könnten und ihrer Existenz bewusst sind.⁷⁶

Von diesen Übertreibungen abgesehen erfüllten die Perzeptron-Simulationsergebnisse die Vorhersagen der Theorie sehr gut, und Rosenblatts statistisches Modell bot – anders als die bisher vorgeschlagenen präzise-mathematischen Hirnmodelle – der Wissenschaft einen völlig neuen Zugang. Aber auch hier sollte ein funktionierendes elektronisches Computermodell die Theorie verifizieren, und Rosenblatt versprach, dieses »Cornell-Modell«, eine echte Perzeptron-Maschine, in naher Zukunft am Aeronautical Laboratory der Cornell University in Buffalo, NY, zu bauen. Das Office of Naval Research (ONR) unterstützte Rosenblatts Projekt zur Entwicklung eines Wahrnehmungs- und Erkennungsautomaten (Perceiving and Recognizing Automaton), kurz PARA, seit dem Sommer 1959 mit finanziellen Mitteln.

Im Sommer 1960 war es so weit: Rosenblatt und seine Mitarbeiter Charles W. Wightman, John C. Hay und Albert E. Murray hatten die Experimentiermaschine Mark I Perceptron konstruiert, deren Funktion sie am 23. Juni im Cornell Aeronautical Laboratory im Rahmen einer groß angelegten Presseveranstaltung demonstrierten. Bei diesem Event, das vom ONR und dem Directorate of Intelligence and Electronic Warfare des Rome Air Development Center gesponsert wurde, stellten sie die Geschichte, die grundlegenden Konzepte und die Simulationsergebnisse des Perzeptrons vor. Dann setzten sie das Mark I Perzeptron in Aktion und die Demonstration war ein großer Erfolg: Innerhalb von 24 Stunden »lernte« die Maschine, die Großbuchstaben von A bis Z zu lesen, konnte allerdings weder Kleinbuchstaben noch kursiv gesetzte Zeichen erkennen.

Murray fasste in seinem Vortrag schließlich zusammen, worum es bei dieser technischen Realisierung des Perzeptrons gegangen war: 1) wollte das Team ein realistisches Arbeitsmodell eines echten parallelen Perzeptrons liefern, in dem die Systemkomponenten mit ihren Unzulänglichkeiten, Toleranzen und Wechselwirkungen beobachtet werden können, 2) war das Mark I Perzeptron als ingenieurmäßige Pilotübung für spätere Produktionen größerer, schnellerer und komplizierterer Maschinen gedacht und (3) ergänzte die Maschine die Simulationsergebnisse aus dem auf der IBM 704 laufenden Programm durch wertvolle experimentelle Resultate.[77]

Es ist erstaunlich: Das Perzeptron war kein KI-System, das im Fahrwasser des Dartmouth-Workshops entstand. Es wurde vielmehr unabhängig davon erdacht und konstruiert. Als Weiterentwicklung der Idee künstlicher neuronaler Netzwerke unterschied es sich auch wesentlich von den die KI-Forschung dominierenden Symbolverarbeitungssystemen. Allerdings erkannten der KI-Pionier Marvin Minsky, der inzwischen am MIT einer der Direktoren des neu gegründeten Artificial-Intelligence-Laboratoriums (AI-Lab) geworden war, und sein Mitarbeiter Seymour Papert sehr schnell dessen Bedeutung. Ihre vierjährige Analyse ergab, dass Rosenblatts Perzeptron gewisse mathematische Probleme nicht lösen konnte, insbesondere konnte es nicht den Wahrheitswert der aus zwei Aussagen A und B zu bildenden Aussage A XOR B berechnen. Diese neue Aussage A XOR B ist nur dann wahr, wenn A und B verschiedene Wahrheitswerte haben, also entweder A wahr ist und B falsch oder umgekehrt. Andererseits ist A XOR B falsch, wenn A und B den gleichen Wahrheitswert haben (also A und B sind beide wahr oder beide falsch).

1969 veröffentlichten Minsky und Papert die Ergebnisse ihrer mathematischen Analysen in dem Buch »Perceptrons: An Introduction to Computational Geometry.« Obwohl die beiden darin auch schon im Prinzip den Ausweg aus der Misere gewiesen haben, führte diese Publikation zum ersten Winter der Künstlichen Intelligenz, dem sogenannten AI-Winter für die künstlichen neuronalen Netze. Es dauerte länger als ein Jahrzehnt, bis sich der Forschungszweig von diesem Schlag erholt hatte. Ein neuer theoretischer Ansatz brachte einen neuen »AI-Frühling«. 1981 führten die Arbeiten von James L. McClelland, David E. Rumelhart und deren Mitarbeiter zum »Parallel Distributed Processing« (kurz: PDP) zu einer neuen Theorie der Nachrichtenverarbeitung in neuronalen Netzen, deren Weiterentwicklungen bis zum Deep Learning in unserer heutigen Zeit reichen.[78] Diese Geschichte soll hier aber nicht mehr erzählt werden; sie ist noch nicht vergessen, und damit auch sie nicht in Vergessenheit gerät, wird sie sicherlich Platz in einem anderen Buch finden.

KAPITEL 3:

DIGITALE
NACHAHMUNG
MENSCHLICHEN
DENKVERMÖGENS,
ODER:
WAS
TUT
DER
RECHNER,
WENN
ER
»DENKT«?

DIE THEORIEN VON HEIDER, BRUNSWIK UND GIBSON

Wenn Sie das letzte Kapitel bis zuletzt aufmerksam gelesen haben, haben Sie sich vielleicht darüber gewundert, dass Frank Rosenblatt Psychologe war. Das gesamte Perzeptron-Projekt, von der Theorie und dem Modell über das Simulationsprogramm bis zum schließlich realisierten Mark I Perzeptron, hätte eher zu einem Elektroingenieur gepasst. In seinen Schriften und in seinen Äußerungen gegenüber der Presse ist er dennoch klar als Psychologe erkennbar: Das Besondere am Perzeptron seien seine Interaktionen mit seiner Umgebung und seine Fähigkeit, Begriffe zu bilden, die ihm nicht von einem Menschen vorgegeben wurden, erklärte er dem Journalisten vom »New Yorker« 1958 und fuhr fort: Zwar würden Biologen behaupten, dass nur biologische Systeme sehen, fühlen und denken könnten, aber auch das Perzeptron verhielte sich so, als ob es sah, fühlte und dachte. Sehen wir einmal von diesen Übertreibungen ab, so müssen wir zugeben, dass Sehen, Fühlen und Denken Vokabeln der Wahrnehmungspsychologie sind, die Rosenblatt seit seinem Psychologiestudium geläufig waren. Sein Professor James Jerome Gibson hatte den Militärdienst während des Zweiten Weltkriegs bei der Air Force absolviert, wo er die Psychological Test Film Unit im Army Air Forces' Aviation Program leitete und sich insbesondere mit der visuellen Wahrnehmung von Piloten in ihren Flugzeugen beim Landeanflug befasste.[79] Aufgrund seiner bei diesen Untersuchungen gewonnenen Ergebnisse gründete er nach dem Krieg die sogenannte Ökologische Wahrnehmungspsychologie,[80] und in den 1950er-Jahren war Rosenblatt einer seiner Forschungsassistenten. Gibsons Theorie wurde wiederum von der sogenannten Organismischen Psychologie des österreichischen, in den 1930er-Jahren in die USA emigrierten Psychologen Egon Brunswik beeinflusst.[81] Die Systeme dieser beiden Psychologen betonten, dass die Umwelt und die Dinge darin nicht direkt wahrnehmbar seien, sondern sich aus den von ihnen ausgehenden Reizen erschließen ließen. Der wahrnehmende Mensch führe diese Reize aktiv zu einem Resultat zusammen. Brunswik zeichnete dazu die später nach ihm benannte Linse (siehe Abb. 19).

Dieses Schema illustrierte seine Grundannahme, dass wir alle distalen (lateinisch *distare*: sich entfernen) Objekte, Ereignisse oder Zustände in der Welt gar nicht unmittelbar »direkt« wahrnehmen. Wir nehmen nur von diesen ausgehende (»proximale« von lateinisch *proximus*: der Nächste) Reizsignale wahr und nutzen dazu unsere Sinne, die wir auch als Medium oder informationstheoretisch als Kanal ansehen können. Was mit diesen Signalen dann weiter geschieht, findet in unserem Nervensystem statt und kann letztlich auch von unserer heutigen Wissenschaft nicht erklärt werden. Brunswiks Organismische Theorie besagt, dass wir aus diesen Signalen Repräsentationen der Ereignisse, Objekte oder Zustände bilden, indem wir auf der Basis unserer Erfahrungen und der subjektiven Gewichtungen, die wir ihnen zusprechen, Schlussfolgerungen ziehen. Solche Bewertungen werden in den exakten Naturwissenschaften durch Wahrscheinlichkeitswerte ausgedrückt, darum heißt Brunswiks Theorie auch probabilistischer Funktionalismus (von lateinisch *probabilitas*: Wahrscheinlichkeit).

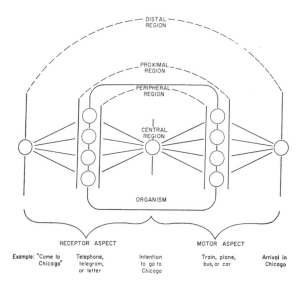

Abb. 19: Brunswiks Linse[82]

Fritz Heider, ebenfalls Österreicher, Psychologe und in die USA ausgewandert, hatte die Unterscheidung zwischen der Umwelt – er sprach von der Außenwelt – und dem Wahrnehmungssystem schon im Jahre 1930 in einem Aufsatz thematisiert und in seinem Notizbuch eine Zeichnung entworfen, die wir mit einigem guten Willen auch eine Linse nennen können:

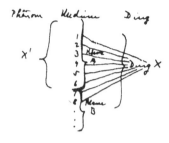

Abb. 20: Heiders Linse[83]

Bei Heider werden die Dinge in der Außenwelt von den Phänomenen, die wir wahrnehmen, durch ein Medium getrennt, das hier die Stelle der Linse einnimmt. Sein Begriff vom Medium ist sehr weit: Alles, was zwischen Instanzen vermittelt – wobei die Instanzen Personen oder Objekte sein können –, kann als Medium fungieren, also Energie, Materie oder Information übertragen. Insbesondere sind auch Luft und Licht solche Medien.

In Heiders Linsenskizze führen Strahlen von dem »Ding« (X) in der Außenwelt zum Medium, wo sie an verschiedenen (von oben nach unten nummerierten) Stellen wirken. Nur die Wirkungen mit den Nummern 1 bis 6 (Klasse A) führen dann vom Medium zum Phänomen (X'), das von der Instanz wahrgenommen wird. Die anderen (Klasse B) werden vom Medium herausgefiltert und spielen für die Entstehung des Phänomens keine Rolle, werden also gar nicht wahrgenommen. Ein Phänomen (X') repräsentiert demnach immer nur insoweit ein entferntes Ding (X), als das Medium die Wirkungen übermittelt. Erkenntnis bedeutet nach dieser Theorie, dass die aus der Außenwelt kommenden und vom Medium übertragenen Zeichen gesammelt, gegebenenfalls transformiert und zu einer Nachricht kombiniert werden.[84]

Gibsons ökologische Wahrnehmungstheorie verallgemeinerte Heiders Ideen über Dinge und Medien, indem er nicht die Dinge aus der Umwelt, sondern die »optische Situation« oder »Anordnung« (*optical array*) des erkennenden Subjekts betrachtete. Diese definierte er über eine Menge von Raumwinkeln aus der Sicht des Subjekts. Verändern sie sich, so sprach Gibson von einem »optischen Fluss« (*optic flow*). Einige Beziehungen zwischen der optischen Situation und der Umgebung verändern sich für die oder den Sehenden, andere bleiben unverändert. Beispielsweise verändern sich für eine Pilotin oder einen Piloten Größen und Abstände von Gegenständen und Flächen bei bestimmten Bewegungen, so etwa die Höhen und Längen von Gebäuden usw. beim Anflug auf die Landebahn. Bei der Wahrnehmung geht es in dieser Theorie vor allem um das Herausfiltern unveränderlicher Aspekte aus einem sich andauernd verändernden Eingabesignal.

DER MENSCHLICHE GEIST IST KOGNITIV

Die Theorien von Heider, Brunswik, Gibson und anderen Psychologen führten schließlich zur »kognitiven Wende« in der Psychologie: Der Behaviorismus wurde dabei als Forschungsparadigma vom Kognitivismus abgelöst. Während der Behaviorismus das Verhalten eines Organismus auf externe Bedingungen zurückführte, gingen psychologische Theorien, die nach der kognitiven Wende forschungsleitend wurden, auch von internen Beweggründen für Verhaltensweisen aus. Einen mächtigen Anstoß zu dieser Wende lieferte der amerikanische

Linguist Noam Chomsky mit seiner Kritik an Skinners behavioristischer Theorie des sprachlichen Verhaltens. In seinem 1957 publizierten Buch »Verbal Behavior« hatte Skinner den Spracherwerb bei Kindern als Nachahmung beziehungsweise Konditionierung von Verhaltensweisen definiert. Über die Blackbox des Reiz-Reaktions-Musters ging dies nicht hinaus. Chomsky lehnte diesen Erklärungsansatz für den Spracherwerb ab und stellte eine allgemeine Theorie auf, die sowohl für dieses als auch für andere psychologische Teilgebiete zum Modell wurde. In seiner Theorie ging Chomsky davon aus, dass uns die Fähigkeiten angeboren sind, mit denen wir nach deren Entfaltung in der Lage sind, unsere Sprachen zu erlernen. Er nahm an, dass es mentale Zustände tatsächlich gibt, dass also Überzeugungen und Zweifel nicht nur die Reaktionen auf äußere Reize sind, sondern dass auch dies angeborene Vermögen einer Geistestätigkeit sind. Chomsky meint, dass der menschliche Geist ein Konglomerat aus jeweils für spezielle Aufgaben zuständigen, aber zusammenarbeitenden Modulen sei. Nach Chomsky ist der menschliche Geist kognitiv!

Das Wort Kognition ist von dem lateinischen Verb *cognoscere* (wissen, erkennen) abgeleitet und steht heute für die Prozesse des Wahrnehmens und Denkens und deren Ergebnisse. Es steht für die mentalen Vorgänge beim Lernen, wenn wir Wissen oder Überzeugungen gewinnen, wenn sich unsere Einstellungen und Erwartungen ausprägen.

Kognition – das ist Gedächtnis, Sprache, logisches Denken, Lernen, Erinnern, Aufmerksamkeit, Problemlösen, Entscheidungsfähigkeit und vieles mehr. Es sind Geistesvermögen, die viele von uns den Menschen und nur den Menschen zuschreiben. Es sind Eigenschaften, die die meisten von uns Tieren nicht zugestehen, einige aber sehr wohl. Es sind Eigenschaften, die nach Meinung vieler prinzipiell nur den Lebewesen, nach Meinung vieler anderer dagegen aber auch den Maschinen eigen sind. Es sind solche kognitiven Fähigkeiten, mit denen die Forscher im Bereich der Künstlichen Intelligenz seit den 1950er-Jahren die Maschinen auszustatten versuchten, und wie wir gesehen haben, orientierten sie sich dabei maßgeblich an den Errungenschaften der Kybernetik und der mathematischen Kommunikationstheorie, die – wir erinnern uns – bald Informationstheorie genannt wurde, in den weitesten Teilen aber doch nur Nachrichtentheorie geblieben ist.

Das von den Psychologen Henry George A. Miller und Eugene Galanter und dem Neurowissenschaftler Karl H. Pribram 1960 in ihrem Buch »Plans and the Structure of Behavior« vorgestellte Modell TOTE basiert sowohl auf den Erkenntnissen der Kybernetik als auch auf den Theorien des Behaviorismus. Das Akronym steht für »Test – Operate – Test – Exit« und das Modell geht auf ein im Reiz-Reaktions-Schema wurzelndes Beispiel des polnisch-deutsch-amerikanischen Psychologen Kurt Lewin aus dem Jahre 1926 zurück.[85] Die vier Aktivitäten Test, Operate, Test, Exit werden zu einer unterhalb der Bewusstseinsschwelle stattfindenden funktionalen Verhaltenseinheit, zu einem auf der Mensch-Computer-Analogie basierenden Automatismus komplizierter Regelkreise.

Die gegenseitigen Einflüsse der mathematisch-logischen und im Weiteren elektrotechnischen Nachrichtentheorie einerseits und der biologisch-medizinischen Hirnforschung andererseits führten zu fruchtbarem interdisziplinärem Austausch der wissenschaftlichen Disziplinen, und in der Folge festigten sich Analogievorstellungen: Das Gehirn wurde als eine Art natürlicher Computer angesehen und der Computer als eine Art künstliches Gehirn. Wir haben diese Computermetapher schon im letzten Kapitel kurz kennengelernt. Sie wurde vom Kognitivismus unterfüttert. Aber weder sie noch die darauf aufsetzende Metapher eines Computerprozesses für den Geist, die nahelegt, dass sich der menschliche Geist zum Gehirn verhält wie die Software eines Computers zu dessen Hardware, beruht auf wissenschaftlichen Grundlagen.

Es überrascht nicht, dass es, wann immer es um das Forschungsgebiet »Künstliche Intelligenz« geht, zu Missverständnissen kam und kommt. Wie bereits zu Beginn erwähnt, hatte Ashby schon im Vorfeld des »Dartmouth Summer Research Project on Artificial Intelligence« im Zusammenhang mit Maschinen von einem »Intelligence-Amplifier« gesprochen, was sowohl mit »Nachrichtenverstärkung« als auch mit »Intelligenzverstärkung« übersetzt werden kann. Der Begriff »intelligence« war aber selbst unter den Organisatoren des Workshops nicht unumstritten: So hätten Newell und Simon lieber von »komplexer Informationsverarbeitung« (*complex information processing*) gesprochen, andere wären gern bei »Kybernetik« (Cybernetics) oder »Automatenstudien« (Automata Studies) geblieben, doch letztendlich setzte sich McCarthy mit seinem Favoriten »Artificial Intelligence« durch. Dieser Name stellte sich als ungeheuer zugkräftig heraus.

McCarthy, Minsky, Rochester und Shannon schrieben in ihrem Antrag letztendlich aber auch nicht, dass es ihnen um die künstliche Schöpfung von Intelligenz gehe, sondern darum, »eine Maschine dazu zu bringen, sich in einer Weise zu verhalten, die man intelligent nennen würde, wenn sich ein Mensch so verhielte«. Das heißt: Die Forschung orientierte sich an der

Verhaltenstheorie, wollte alles Nichtbeobachtbare unberücksichtigt und die Blackbox verschlossen lassen und nichts darüber aussagen, ob das Verhalten der Maschinen tatsächlich intelligent ist, ob es künstliche Intelligenz überhaupt gibt, geben kann oder geben wird. Es ist die mit diesen Forschungen angestrebte Imitation von Intelligenz, die an der »Künstlichen Intelligenz« das Künstliche ist.

DIE »DENKENDE MASCHINE« DES ALAN TURING

Ein Spiel mit der Imitation intelligenten Verhaltens hatte der englische Mathematiker Alan Mathison Turing schon 1950 in seinem berühmten Aufsatz »Computing Machinery and Intelligence« eingeführt, und dessen Gelingen anstelle der Frage, ob Maschinen denken können, diskutiert. Etwas verkürzt würde Turings »Imitationsspiel« so aussehen: Stellen Sie sich vor, Sie kommunizieren über ein technisches System mit zwei Personen, die sich nicht im gleichen Raum befinden, sondern weit entfernt von Ihnen und voneinander sind – Turing dachte damals an den Fernschreiber, wir denken heute an E-Mail oder WhatsApp. Nun verändern wir dieses Gedankenexperiment dergestalt, dass eine der beiden Personen gegen eine Maschine ausgetauscht wird, die durch ihre Antworten auf Ihre Fragen bei Ihnen den Eindruck erwecken soll, sie sei ein Mensch. Es geht nun darum, ob Sie anhand der empfangenen Nachrichten entscheiden können, welcher Kommunikationspartner die Maschine ist. Wenn es der Maschine gelingt, Sie darin zu täuschen, wenn Sie also glauben, mit einem Menschen kommuniziert zu haben, während die Maschine das intelligente Verhalten eines Menschen eigentlich nur imitiert hat, dann nannte Turing sie eine Thinking Machine, eine denkende Maschine.[86]

Eine solche Maschine denkt aber nicht! Turing wusste natürlich, dass Rechnen, Symbolverarbeitung und »Denken« (*thinking*) für verschiedene Tätigkeiten stehende Begriffe sind, scheint das aber außer Acht gelassen zu haben. Für ihn waren die Imitation des Denkens und das Denken selbst ununterscheidbar und er glaubte (oder hoffte zumindest), dass sich bis zum Ende seines Jahrhunderts der Wortgebrauch und die allgemeine Meinung dazu insofern verändert haben würden, dass man unwidersprochen von »maschinellem Denken« sprechen könnte.

Wie befähigt man eine Maschine, einen Menschen zu imitieren? Die Maschine befolgt die Befehle, die ihr in Form eines Programms zugestellt werden. Das Programm wird in einer für sie lesbaren künstlichen Sprache geschrieben, es handelt sich also um Zeichenreihen, deren Syntax eindeutig definiert ist. Auf diese Weise werden Befehle und Daten codiert. Die Befehle können gegebenenfalls an Bedingungen geknüpft werden, deren Abfrage ebenfalls ins Programm geschrieben wird. Soll ein Programm etwa die Ampelschaltung für eine Kreuzung im Straßenverkehr steuern, dann hängt es vom Verkehrsaufkommen auf den sich kreuzenden Straßen ab, wie lang die jeweiligen Rot- und Grünphasen dauern sollen, damit der Verkehr möglichst reibungslos fließt. Befinden sich auf einer der Straßen sehr viel mehr Autos als auf der anderen, so könnte dem entgegengesteuert werden, indem die Grünphasen hier für einige Zeit verlängert werden. Im Programm sähe das dann – umgangssprachlich anstatt in Programmiersprache ausgedrückt –

so aus: Immer dann, wenn viel Verkehr auf Straße x, springe zu Unterprogramm »Lange Grün für Straße x«. Oder: Solange kein Verkehr auf Straße y, bleibe in Unterprogramm »Grün für Straße x«. Mit solchen Unterprogrammsprüngen oder Programmschleifen lassen sich mögliche Eventualitäten berücksichtigen, sodass für diese Fälle eine programmierte Verfahrensweise bereitsteht. Tritt diese Situation dann ein, so kann dieses passende Unterprogramm durchlaufen werden. Auf diese Weise verhält sich die Maschine so, wie sich ein Mensch in einer ähnlichen Situation vernünftigerweise verhielte: Immer dann, wenn die letzte Milchflasche zur Neige geht, kaufe frische Milch. Oder: Solange die Seife noch auf dem Körper ist, bleibe unter der Dusche.

Der Mathematiker und Logiker Turing war schon in den 1930er-Jahren ein Spezialist der Theorie und Analyse formaler mathematischer Beweise. In seiner später berühmt gewordenen Arbeit »On Computable Numbers, with an Application to the Entscheidungsproblem« hatte er sich 1936 einen einfachen Mechanismus ausgedacht: eine mathematische Maschinerie, die abstrakt-formale Zeichenketten verarbeiten kann. Er zeigte damals, dass ein solcher nur gedanklich durchführbarer Mechanismus – wie Mathematiker und Logiker ihn eben »durchdenken« können – in der Lage ist, »jedes vorstellbare mathematische Problem zu lösen, sofern dieses auch durch einen Algorithmus gelöst werden kann«.[87] Unter einem Algorithmus war dabei eine eindeutige und aus endlich vielen, wohldefinierten Einzelschritten bestehende Handlungsvorschrift zur Lösung eines oder mehrerer Probleme zu verstehen. Heute heißt dieser abstrakte Mechanismus »Turingmaschine«.

Zu dieser Zeit gab es noch keine Digitalcomputer, aber im Prinzip hat Turing damit auch bewiesen, dass eine symbolverarbeitende Maschine so programmiert werden kann, dass sie für jedes solche Problem – vorausgesetzt, es hat überhaupt eine Lösung – die Lösung nach endlich vielen Schritten findet.

Dies war die Grundlage für die Entwicklungsarbeit von Newell und Simon im Vorfeld des Dartmouth-Symposiums, denn sie konnten darauf aufbauend zeigen, dass in einem Digitalcomputer ablaufende symbolverarbeitende Programme nach Eingabe von in entsprechenden Symbolen formulierten Aussagen wie »Alle Flugzeugreisen schädigen das Weltklima« und »Meine diesjährige Urlaubsreise ist eine Flugzeugreise« die Aussage »Meine diesjährige Urlaubsreise schädigt das Weltklima« in solchen Symbolen formuliert ausgegeben werden kann. Auf diese Weise haben Newell und Simon einen Schritt von der lediglich syntaktischen Zeichenverarbeitung, Verarbeitung auf der Kommunikationsebene A in die Kommunikationsebene B der semantischen Beziehungen zwischen diesen Zeichen gehen können. Dieser sehr kleine, aber wichtige Durchbruch der Grenze zwischen den beiden Ebenen von den rein syntaktischen Eigenschaften der Symbole zu den mathematisch-logischen Zeichenbedeutungen ermöglichte streng regelbasierte Ableitungen und Anwendungen von Schlussfolgerungen, die zumindest einige Bedeutungseigenschaften der übertragenden Symbole unverändert ließen. Natürlich können nicht alle beliebigen Bedeutungen kommuniziert werden, sondern offensichtlich nur solche, die konstruiert sind und syntaktisch ausgedrückt werden können. Es handelt sich dabei um Semantiken, die sich logisch oder mathematisch beschreiben lassen.

Nach dem Symposium in Dartmouth wurde das Paradigma vom Computer als symbolverarbeitende Maschine für die einsetzenden Forschungen zur »Künstlichen Intelligenz« leitend.

Mehr als ein Jahrzehnt lang setzte sie sich gegenüber den Forschungen zu künstlichen neuronalen Netzen durch. Die zuvor durchaus vorhandene Interdisziplinarität mit der Hirnforschung trat in den Hintergrund. Kognitive Abläufe wurden auf nachrichtentechnische Signalübertragungsprozesse im Zentralnervensystem reduziert, die technische Zeichen- beziehungsweise Nachrichtenübertragung in einem Computer als analog zum menschlichen Denken und Lernen angesehen – ungeachtet der ungeheuren Komplexität der mentalen Prozesse beim Menschen. Damals wurden Simulationsprogramme für den Computer geschrieben, deren Ablauf die kognitiven Prozesse des Menschen imitierten, so gut man sie damals zu verstehen glaubte. Das konnte anhand der in den 1950er-Jahren entstandenen Modelle und Apparate zur Nachahmung menschlicher Wahrnehmung im zweiten Kapitel dieses Buches gezeigt werden.

Wir wissen schon, dass es keine allgemein gültige und damit alle Seiten zufriedenstellende Definition von »Intelligenz« gibt und der Begriff unscharf ist. Auch vom Gebrauch des Wortes Intelligenz in der frühen elektromagnetischen Kommunikationstheorie und -technik habe ich Ihnen schon erzählt und darauf hingewiesen, dass der Informationsbegriff mehr Aspekte umfasst als den der Zeichenfolge im Sinne der Nachrichtentechnik. Die Unterscheidung in drei Ebenen, (A) die syntaktische, (B) die semantische und (C) die pragmatische, hat das verdeutlicht. Die innerhalb des Computers stattfindende Datenverarbeitung beziehungsweise -übertragung entspricht allerdings nur der Verarbeitung beziehungsweise Übertragung von Zeichenfolgen oder Nachrichten. So können nur die Informationsaspekte der Ebene A berücksichtigt werden. Die Aspekte der Ebenen B und C von Information und Kommunikation gehören aber wesentlich zum Denken und Lernen, Wünschen und Wollen. Wenn es dazu für Maschinen kein entsprechendes Äquivalent gibt, dann ist der Begriff »Künstliche Intelligenz« unsinnig, dann handelt es sich lediglich um eine technische Nachahmung von intelligentem Verhalten. Eine bis dahin offenstehende Tür zu den Geisteswissenschaften ist damals geschlossen worden, sie sollte aber wieder geöffnet werden – sicherlich gibt es dahinter viel zu erfahren!

Natürliche Intelligenz ist ein Begriff, der für die kognitive Leistungsfähigkeit steht, für Denkleistungen, die wir erbringen, wenn wir Aufgaben lösen, uns in neuen Situationen zurechtfinden, Beziehungen rasch erfassen, etwas einsehen können. Wir gestehen uns selbst und anderen Menschen mehr oder weniger Intelligenz zu und manchen Tieren in Ansätzen auch. Es gibt keine einheitliche Definition des Intelligenzbegriffs, allerdings viele Theorien; die ihr zugerechneten Fähigkeiten wurden unter anderem in analytische, praktische und erfahrungsbezogene Bereiche klassifiziert. Andere Vorschläge unterscheiden zwischen mathematischer, sprachlicher, technischer und musischer Intelligenz, auch die Begriffe soziale und emotionale Intelligenz haben sich durchgesetzt.

In den 1970er-Jahren machte ein Vorschlag des britischen Psychologen Raymond Cattell Furore. Er unterteilte Intelligenz (*general intelligence*) in zwei Bereiche: die feste oder auch »kristalline Intelligenz« (*crystallized intelligence*) und die flüssige oder auch »fluide Intelligenz« (*fluid intelligence*).[88] Nach dieser Theorie umfasst die flüssige Intelligenz die genetisch vererbten und nicht erlernbaren Fähigkeiten, sich in Situationen zu orientieren, logische Schlussfolgerungen zu ziehen und Probleme zu lösen sowie die Geschwindigkeit, mit der wir dies tun. Davon unterschied er die feste Intelligenz eines Menschen, die sein Denken, Lernen und Wissen umfasst, seinen Wortschatz und seine während des Lebens gesammelten Erfahrungen zur Bewältigung der auftretenden Schwierigkeiten.

In den 1980er-Jahren entwickelte der Psychologe und Pädagoge Howard Earl Gardner eine »Theorie der multiplen Intelligenzen«, wobei er sprachlich-linguistische, logisch-mathematische, musikalisch-rhythmische, bildlich-räumliche, körperlich-kinästhetische, naturalistische, interpersonale und intrapersonelle Intelligenz voneinander abzugrenzen versuchte. Später ergänzte er sie noch um eine existenzielle oder spirituelle Intelligenz.[89]

Schon in den 1920er-Jahren hatte der Psychologe Edward Lee Thorndike die Fähigkeit, andere zu verstehen, mit ihnen umzugehen und in Beziehungen weise zu handeln, »soziale Intelligenz« genannt. 1990 führten die amerikanischen Psychologen John D. Mayer und Peter Salovey daran angelehnt den Begriff »emotionale Intelligenz«, also die Fähigkeit, eigene und fremde Gefühle wahrzunehmen, zu verstehen, zu beeinflussen und zu erfassen, in die Theorie der multiplen Intelligenzen ein.

STARKE UND SCHWACHE KÜNSTLICHE INTELLIGENZ

Menschen denken, lernen und wissen etwas, ein Computer denkt, lernt und weiß nichts. Erst recht nimmt er weder eigene noch fremde Gefühle wahr. Ein Computer ist kein intelligentes, sondern ein datenverarbeitendes System. Er verknüpft mit den aus Daten oder Zeichen zusammengesetzten Nachrichten keine Bedeutungen und keine Absichten, er kann nicht denken und er hat kein Bewusstsein. Es gibt darin keine mentalen Prozesse, keine Kognition. Der Gedanke an eine Computerpsychologie ist absurd!

Eine geisteswissenschaftliche Seite im frühen Forschungsprogramm »Künstliche Intelligenz« wurde vernachlässigt. Anstatt zu versuchen, Kognition zu verstehen, den mentalen Prozessen nachzuspüren, den menschlichen Geist zu ergründen, wurden die Computer(prozess)metaphern von Gehirn und Geist so mächtig, dass man nicht nur das Gehirn, sondern auch den Geist mittels Computermodellen beziehungsweise -prozessen zu erklären und zu verstehen versuchte. Dabei wurde Geist als Programme, Symbole und deren Manipulationsmöglichkeiten interpretiert. Die Beziehungen des Geistes zu seiner Außenwelt waren auf Input und Output eingeschränkt – das sind Begriffe, die der technischen Systemtheorie entstammen. Auch für die Kognitionspsychologen blieb der menschliche Geist daher eine Blackbox. Eine solche Box mit Input und Output, nämlich ein Zimmer, in das etwas hineingereicht wird und aus dem etwas herausgereicht wird, das nach außen hin ansonsten verschlossen und nicht einsehbar bleibt, das aber durch seine Herausgaben als Reaktion von Hereingaben intelligentes Verhalten imitiert, beschrieb der amerikanische Philosoph John Rogers Searle in seinem 1980 erschienenen Aufsatz »Minds, Brains, and Programs«. Es handelt sich um ein Gedankenexperiment, mit dem Searle zeigen wollte, dass Turings Gleichsetzung von Denken und Denk-Imitation falsch ist, dass ein programmierter Computer also nicht als intelligent angenommen werden sollte, wenn er Turings Imitationsspiel gewinnt.

Zur Vorbereitung versetzen Sie sich bitte in Ihre Schulzeit zurück. Sie müssen eine Aufgabe an der Tafel lösen, die Sie nicht verstanden haben. Eine hilfsbereite Mitschülerin steckt Ihnen einen vorgefertigten Zettel mit der Lösung zu und Sie können die Lösung an die Tafel schreiben. Sie erhalten eine gute Note, obwohl Sie die richtige Lösung nicht gewusst haben! Nun kommen wir zu dem Gedankenexperiment von Searle, der seine Leser bat, sich vorzustellen, »Sie wären in einem Zimmer eingesperrt, in dem mehrere Körbe mit chinesischen Symbolen stehen. Und stellen Sie sich vor, dass Sie (wie ich) kein Wort Chinesisch verstehen, dass Ihnen allerdings ein auf Deutsch abgefasstes Regelwerk für die Handhabung dieser chinesischen Symbole gegeben worden wäre. Die Regeln geben rein formal – nur mit Rücksicht auf die Syntax und nicht auf die Semantik der Symbole – an, was mit den Symbolen gemacht werden soll. Eine solche Regel mag lauten: ›Nimm ein Kritzel-Kratzel-Zeichen aus Korb 1 und lege es neben ein Schnörkel-Schnarkel-Zeichen aus Korb 2.‹ Nehmen wir nun an, dass irgendwelche anderen chinesischen Symbole in das Zimmer gereicht werden und dass Ihnen noch zusätzliche Regeln dafür gegeben werden, welche chinesischen Symbole jeweils aus dem Zimmer herauszureichen sind. Die hereingereichten Symbole werden von den Leuten draußen »Fragen« genannt, und die Symbole, die Sie dann aus dem Zimmer herausreichen, »Antworten« – aber dies geschieht ohne Ihr Wissen. Nehmen wir außerdem an, dass die Programme so trefflich und Ihre Ausführung so brav sind, dass sich Ihre Antworten schon bald nicht mehr von denen eines chinesischen Muttersprachlers unterscheiden lassen. Da sind Sie nun also in Ihrem Zimmer eingesperrt und stellen Ihre chinesischen Symbole zusammen;

Ihnen werden chinesische Symbole hereingereicht und daraufhin reichen Sie chinesische Symbole heraus. In so einer Lage, wie ich sie gerade beschrieben habe, könnten Sie einfach dadurch, was Sie mit den formalen Symbolen anstellen, kein bisschen Chinesisch lernen.«[90]

So, wie Ihre Lehrer*in im vorbereitenden Beispiel aus Ihrer Schulzeit wohl aufgrund der Lösung, die Sie an die Tafel (vom Zettel Ihrer Mitschüler*in ab-) geschrieben haben, gedacht haben mag, dass Sie die Aufgabe verstanden und die Lösung gefunden haben, so denkt wohl eine außerhalb des chinesischen Zimmers stehende Beobachter*in, dass sich darin eine Intelligenz befindet, die Chinesisch versteht. In der Blackbox wurden aber lediglich Regeln zur Manipulation chinesischer Symbole befolgt, die aus einem Regelwerk entnommen worden waren, so wie ein Computerprogramm die zum Ablauf beziehungsweise zur Berechnung notwendigen Daten und Inferenzregeln abruft und abarbeitet. Nur für den Beobachter außerhalb hat es den Anschein, als ob im Inneren Chinesisch verstanden würde.

Searle hat für die Unterscheidung zwischen der Imitation von Intelligenz und Denken einerseits und einer bisher jedenfalls nur hypothetisch im Computer tatsächlich vorhandenen Intelligenz beziehungsweise Fähigkeit zu denken die Begriffe »schwache« und »starke Künstliche Intelligenz« geprägt. Er nannte die Künstliche Intelligenz von Systemen »schwach«, wenn sie leistungsfähige Werkzeuge zur Imitation und zur Untersuchung des Geistes sind. Dann berechnen sie mathematische Aufgaben, führen Beweise, Sortier-, Such- und andere Algorithmen durch, simulieren komplexe Vorgänge, und dies alles so, dass man es intelligent nennen würde, wenn ein Mensch es so machte. Solche Anwendungen der Computertechnik sind uns heute sehr vertraut. Wir nennen das »Künstliche Intelligenz«, und je perfekter die Anwendungen funktionieren, desto unheimlicher erscheinen sie uns. Es handelt sich dabei um ein System mit »schwacher Künstlicher Intelligenz« im Sinne Searles und damit um technische Systeme, die intelligentes Verhalten imitieren. Es handelt sich nicht um tatsächlich intelligente Wesen.

»Stark« nannte Searle hingegen die Künstliche Intelligenz von Systemen, die tatsächlich kognitive Zustände besäßen und verstünden. Das wäre dann nicht mehr die Imitation von intelligentem Verhalten, keine Imitation von Denken, sondern wirkliche Intelligenz und wirkliches Denken in einem nicht lebendigen, in einem technischen System. Die vielen Konjunktive zeigen schon die Skepsis an, die ich gegenüber solchen Systemen hege. Ich meine indes: Es gab sie nicht, es gibt sie nicht, und es kann sie prinzipiell nicht geben. Gäbe es solche Systeme mit »starker Künstlicher Intelligenz«, so hätten sie wirklich Geist und Bewusstsein, so könnten sie denken, wären sie wirkliche Thinking Machines.

Geist, Bewusstsein, Denken – das sind jedoch Begriffe, die sich dem Zugriff der Naturwissenschaften entziehen. Im deutschsprachigen Wissenschaftssystem wird das schon anhand der Aufteilung der Disziplinen in Natur- und Geisteswissenschaften deutlich. Im englischsprachigen Raum spricht man stattdessen einerseits von Sciences und andererseits von Humanities, Liberal Arts oder Human Studies, im Französischen von Sciences naturelles und Sciences humaines.

Mithilfe der Naturwissenschaften erforschen die Menschen die Natur. In den naturwissenschaftlichen Disziplinen gehen sie dabei empirisch vor. Sie beobachten, sie messen und sie analysieren die natürlichen Zustände und Prozesse. Diese »modern« genannte Naturwissenschaft entstand im ausgehenden Mittelalter und trat in der Neuzeit ihren bis heute andauernden Siegeszug an. Von »Geisteswissenschaft« war dagegen wohl erstmals in einer im Jahre 1787 wahrscheinlich von Meinrad Widmann anonym publizierten Schrift die Rede. »Wer sind die Aufklärer?«[91] hieß sie und darin wurde »Geisteswissenschaft« jene Wissenschaft genannt, die eben keine natürlichen Erklärungen aufgrund von Naturgesetzen präsentiert, sondern »geistige«.

Von welcher Art nun sollen denn diese Erklärungen sein? Wie sollen »geistige« Ursachen in unserer heutigen naturwissenschaftlich-technologisch geprägten Welt ernstgenommen werden? – Nun, das ist genau die Frage, der wir uns stellen sollten. Ebendieser Auffassung, dass wir unsere ganze Welt naturwissenschaftlich-technologisch erklären können – uns Menschen eingeschlossen –, sind wir auf den Leim gegangen. Sie in Frage zu stellen bedeutet, darüber nachzudenken, was es ist, das unser Menschsein ausmacht, Bilder dessen zu entwerfen, was Menschsein heißt. Dazu hat der Philosoph der Aufklärung Immanuel Kant uns aufgefordert, als er die Frage stellte: Was ist der Mensch?

Wir sind geistige Lebewesen, wir können denken. Denken ist weder Sehen noch Hören, Fühlen, Tasten oder Schmecken. Wir denken nicht mit diesen Sinnen. Denken heißt, seinen Geist zu nutzen, wie wir unsere Sinne nutzen. Darum hat der Philosoph Markus Gabriel das Denken als einen weiteren Sinn des Menschen bezeichnet.[92]

Wir nutzen unseren Geist, unseren Denk-Sinn, um zu erfahren, was wir sind. Unsere Vorfahren waren geistige Lebewesen und sie nutzten ihren Geist, um sich Bilder von sich und den anderen Menschen zu machen. Auch deren Vorfahren haben darüber nachgedacht. Die Menschheit gibt es schon sehr lange und ihre Mitglieder lebten in unterschiedlichen Kulturen und Gesellschaften. Ihre Bilder von sich waren dementsprechend verschieden, auch anders als die Bilder, die wir uns heute von uns machen. Geist lebt in der Zeit, und darum braucht Geisteswissenschaft eine historische Dimension.

Als Geisteswissenschaft par excellence wurde die Philosophie um 1800 angesehen, etwa von Karl Wilhelm Friedrich Schlegel, einem Förderer der historischen Schule im 19. Jahrhundert, die maßgeblich dazu beitrug, dass die geisteswissenschaftliche Denktradition als Wissenschaft akzeptiert wurde. In dieser historisch ausgerichteten Geisteswissenschaft hat man versucht, das Geistesleben vergangener Kulturen in ihrer Einzigartigkeit zu verstehen.

Die uns heute geläufige Bedeutung des Begriffs Geisteswissenschaft kristallisierte sich in dem Moment heraus, da man zwischen einer »naturwissenschaftlichen und einer geisteswissenschaftlichen Methode« unterschied. Hier war es der Theologe und Philosoph Wilhelm Dilthey, der für die Geisteswissenschaften als »Erfahrungswissenschaft der geistigen Erscheinungen«, als eine »Wissenschaft der geistigen Welt« eine eigene Methode des Verstehens etablierte. Im Unterschied zur Erkenntnisform der Naturwissenschaften, die Gründe und Ursachen als Erklärung angibt, gilt als geisteswissenschaftliche Erkenntnisform das Verstehen, nämlich in Bedeutungen und Sinnzusammenhängen zu denken. Aus Diltheys Erkenntnissen entwickelte der Philosoph Karl Jaspers die »Verstehende Psychologie«.

IST UNSERE GEISTESTÄTIGKEIT REINE INFORMATIONSVERARBEITUNG?

Das Problem des »Verstehens« befindet sich damit in unmittelbarer Nähe zu den Schwierigkeiten, die uns erwarteten, würden wir »Denken« mit »Informationsverarbeitung« gleichsetzen. Aber selbst wenn wir eine Informationstheorie aufstellen könnten, die nicht nur die syntaktischen, sondern auch die semantischen und pragmatischen Aspekte der Information berücksichtigte, so könnten wir nicht sicher sein, dass damit auch alle Aspekte unseres Denkens einbezogen wären. Ist denn unser Denken lediglich eine wie auch immer geartete Verarbeitung von Symbolen? Lässt sich unser Denken als eine sprachliche Tätigkeit fassen? Erschöpft sich unser Geist etwa darin, Zeichen in ihrer syntaktischen, semantischen und pragmatischen Dimension zu verarbeiten? Kurz gesagt: Ist unsere Geistestätigkeit reine Informationsverarbeitung?

Die Psychologie ist eine Wissenschaft mit sowohl naturwissenschaftlich-empirischen als auch geisteswissenschaftlichen Inhalten. Im 19. Jahrhundert entstand die experimentelle Psychologie auch dank der Arbeiten von Gustav Theodor Fechner und Wilhelm Wundt in Leipzig. Fechner hatte um 1860 die Psychophysik als Teilgebiet einer experimentellen Psychologie begründet, in der Gesetze für die Wechselbeziehungen zwischen dem mentalen Erleben einer Person und quantitativ messbaren Reizen als deren Auslöser untersucht wurden. Ausgehend von dieser Grundannahme in der Psychophysik beharrte Wundt darauf, dass die Psychologie von der unmittelbaren Erfahrung ausgehen und mit den wissenschaftlichen Methoden der Beobachtung und des Experiments die innere Erfahrung des Menschen untersuchen müsse.

Als Warren McCulloch – der mit Walter Pitts im Jahre 1943 den Artikel über den »Logikkalkül für die der Nerventätigkeit immanenten Gedanken« schrieb und damit die Theorie der künstlichen neuronalen Netzwerke anstieß – in den 1920er-Jahren noch als Psychologe arbeitete, war er überzeugt, hier Großartiges leisten zu können, indem er für die Psychologie eine logische Grundlage fände. Wie er sich 1961 erinnerte, wollte er damals kleinste psychische Ereignisse einführen, die er »Psychonen« nannte, die sich miteinander verbinden und zusammensetzen lassen sollten.[93]

Das erinnert an den Aufbau empirischer Theorien: In unserer physikalischen Theorie sind die grundlegenden Objekte die Atome. Das ist der Name für die kleinsten physikalisch teilbaren Einheiten der Materie. In unserer biologischen Theorie haben wir die Zellen, in der Genetik die Gene. Die Nervenzellen, die Neuronen, sind die kleinen Einheiten des Zentralnervensystems, und in der Informatik wurde als Grundeinheit das Bit eingeführt. McCulloch wollte nun als »Atom der Psychologie« das kleinste mentale Ereignis, eben das Psychon, erfinden, und zu Recht ist »erfinden« das richtige Wort, denn es war reine Spekulation. Sein Psychon war dann auch eher ein Vorläufer des abstrakten McCulloch-Pitts-Neurons, das die beiden 20 Jahre später in Analogie zum Alles-oder-nichts-Verhalten der natürlichen Nervenzellen für ihren Logikkalkül definierten, denn – wie Pitts und er schrieben – kann ein Psychon nicht weniger sein als die Aktivität eines einzelnen Neurons.

McCullochs Psychonen sollten die einfachsten psychischen Ereignisse repräsentieren, sie sollten dem Alles-oder-nichts-

Prinzip folgen, also entweder eintreten oder nicht. Weiterhin forderte McCulloch damals, dass ein Psychon nur dann einträte, wenn seine Ursache auch eingetreten war; es wäre also möglich, von jedem Psychon auf dessen ursächliches und damit zeitlich vorhergehendes Psychon zu schließen. Dies sollte auch für die später eintretenden Psychonen gelten. Schließlich sollten sich Psychonen zu komplizierteren Gebilden kombinieren lassen. In den 1940er-Jahren verabschiedete sich McCulloch von diesen Plänen. In dem mit Pitts geschriebenen Artikel hat es das Wort »Psychon« immerhin noch in den Abschnitt »Consequences« geschafft. Damit blieb sowohl dieses Wort als auch die Idee einer mentalen Einheit in der Welt. Oder sollte ich sagen: Sie bildeten eine eigene Welt? Schon 1920 hatte Henry Lane Eno in seinem Buch »Activism« von »psychons« als Einheiten psychischer Prozesse gesprochen,[94] und 1927, also im selben Jahr wie McCulloch, mahnten Paul und William Robert Bousfield in »The Mind and its Mechanism« an, die psychologischen Tatsachen stärker zu berücksichtigen, anstatt mentale Aktivität und bewusstes Verhalten lediglich als Produkte der Aktivität des physischen Gehirns zu definieren.[95] Sie schlugen die Annahme eines »psychischen Gehirns« vor, das aus einer Struktur immaterieller Psychonen bestehe, die über den Äther (der damals noch als existent angenommen wurde) mit dem physischen Gehirn interagiert.

Auch der Psychologe William Moulton Marston führte Psychonen in seinem ein Jahr später erschienenen Buch »The Emotions of Normal People« ein.[96] Für ihn waren das sowohl materielle wie auch begriffliche Einheiten, durch die das menschliche Bewusstsein beschrieben und gemessen werden könnte. Fast ein halbes Jahrhundert später, als der Äther längst obsolet geworden war, spekulierte der australische Neurologe und Nobelpreisträger Sir John Carew Eccles wieder darüber, wie unsere materielle Welt mit unserer mentalen Welt interagieren könnte. In seinem letzten, 1994 erschienenen Buch »How the Self Controls the Brain«[97] dachte er dabei an subatomar kleinste Prozesse, die dafür verantwortlich seien, und auch er nannte einen solchen Prozess ein Psychon.

Ob aus subatomar kleinen Prozessen bestehend oder anderer Natur, die Frage lautet: Gibt es neben der materiellen Welt, die wir mit unseren Sinnen wahrnehmen können, eine mentale Welt, aus der heraus die materielle Welt gesteuert wird? – Schon im 16. Jahrhundert hatte der französische Philosoph und Mathematiker René Descartes in seinem Werk »Prinzipien der Philosophie«[98] über die Existenz zweier Welten sinniert: die Welt der physischen oder materiellen Substanzen (lateinisch *res extensa*) und die Welt der denkenden oder mentalen Substanzen (lateinisch *res cogitans*). Er trennte somit die Materie, körperliche Dinge oder Objekte, vom Denken oder Geist.

Für Descartes konnte Materie nicht denken und Mentales keinen Körper haben, der ausgedehnt wäre, teilbar, sogar zerstörbar.

Wenn wir an die Naturwissenschaft in jenen Zeiten zurückdenken, so finden wir im Wesentlichen die Mechanik vor. Jegliche Bewegung von Körpern wird darauf zurückgeführt, dass an ihnen gezogen oder sie gestoßen werden, und so bezeichnete Descartes die lebendigen Menschen als mechanische Gliedermaschinen, deren Bewegungen vom Gehirn über die Nervenleitungen gesteuert werden. Die Nervenbahnen stellte er sich als hohle Röhren vor, durch die etwas Gasförmiges strömen und alle Körperstellen erreichen und Aktionen hervorrufen würde.

Nun sind wir Menschen aber sowohl körperlich als auch geistig bewegliche Lebewesen. Wir stehen, sitzen, liegen, essen, trinken, treiben Sport, ruhen uns aus, rechnen, schreiben, denken, phantasieren, träumen, trauern und freuen uns. In der Konzeption von Descartes' strikt voneinander getrennten Welten gehören wir Menschen eben beiden Welten an. Wie konnte Descartes diesen Widerspruch auflösen? Dazu brauchte er einen völlig neuen Gedanken, der ihm wohl während einer Sektion menschlicher Leichen kam, als er sich deren Gehirne genau ansah. Ihm war aufgefallen, dass einzig eine nur wenige Millimeter kleine Drüse, die Zirbeldrüse oder Epiphyse, unter den stets paarweise vorhandenen Bestandteilen des Gehirns nur einmal vorhanden ist. Für Descartes war dies fortan die von Gott ausgewählte Stelle im Menschen, an der Körper und Geist, Res extensa und Res cogitans in Wechselwirkung treten, und zwar durch jenes Gasförmige, das durch die Nervenleitungen transportiert werde. Diese feinen Dünste – er nannte sie *spiritus animales*, lateinisch für Lebensgeister – kamen in seiner Vorstellung aus dem Blut und verbreiteten sich durch das Nervengeflecht im Körper, wo sie dessen Motorik antrieben.

Ein anderer Franzose, der Arzt und Philosoph Julien Offray, Sieur de La Mettrie, entwickelte die These, dass Menschen bloße Gliedermaschinen seien, weiter. Im Österreichischen Erbfolgekrieg diente er 1743/44 auf französischer Seite als Feldarzt. Seine Erlebnisse in dieser Zeit verarbeitete er in Satiren auf die Scharlatanerie und die Unkenntnis der damaligen Mediziner. Nachdem er 1745 in seiner (anonym publizierten) Arbeit

»Die Naturgeschichte der Seele« (Histoire naturelle de l'Âme ou Traité de l'Âme) geleugnet hatte, dass es eine unsterbliche Seele gebe, wurden seine Schriften wegen Religionsfeindlichkeit öffentlich verbrannt und verboten. Er selbst floh nach seiner Entlassung als Militärarzt zunächst nach Leiden, doch bald schon weiter Richtung Preußen, als nämlich seine nächste Schrift, die ihm übrigens den Spitznamen »Herr Maschine« einbrachte, erschienen war: »L'Homme-Machine«.[99] Dort schrieb er, dass auch Menschen, und nicht nur Tiere, Maschinen seien – immerhin »aufrecht kriechende Maschinen«. Der Unterschied zwischen Mensch und Tier bestehe lediglich darin, dass Menschen »jenen wunderbaren Instinkt« hätten, den »die Erziehung zu Geist verwandelt und der seinen Sitz immer im Gehirn« habe. – La Mettrie schrieb hier tatsächlich »immer«. Aber: Muss Geist seinen Sitz stets im Gehirn eines Säugetiers haben? – Es gibt durchaus Lebewesen ohne Gehirn, es gibt sogar Lebewesen ohne Nervenzellen, zum Beispiel Bakterien, Einzeller und Schwämme. Es gibt Pflanzen und Tiere, die kein zentrales Nervensystem und erst recht kein Gehirn haben, etwa Quallen und Fadenwürmer. Sie haben nur einige wenige Neuronen, sozusagen ein kleines, aber dezentrales System von Nervenleitungen. Haben solche Lebewesen keinen Geist?

Wir neigen jedenfalls dazu, davon auszugehen, dass ein Nervensystem, besser noch ein vollständiges Gehirn, die körperliche Voraussetzung dafür ist, dass ein Organismus Geist hat. Aber ob das wirklich so ist, wissen wir nicht! Andererseits können wir uns gut vorstellen, dass es künstliche Konstruktionen geben könnte, die einem Gehirn nachempfunden wurden und die deshalb über Geist verfügen. Viele Science-Fiction-Storys und -Filme und ihre vielen Fans zeugen davon, dass solche Vorstellungen nicht selten sind. Es fällt nicht schwer, uns auszudenken, dass Maschinen mit künstlichen Nervensystemen intelligent sind, denken können, Geist haben und sich ihrer selbst bewusst sind. So viel Fantasie haben wir – kein Problem. Aber wir können das niemals wissen!

Wie ist es, eine Fledermaus zu sein? Mit dieser Frage überschrieb der Philosoph Thomas Nagel einen im Jahre 1974 veröffentlichten Aufsatz.[100] Und er kam darin zu dem Schluss, dass wir diese Frage niemals werden beantworten können. Weil wir das nämlich niemals wissen können! Wie es ist, eine Fledermaus zu sein, sei eine subjektive Vorstellung, die wir auf unsere Weise Wissenschaft zu treiben, also von außerhalb unserer selbst, nicht erkunden können.

Wie ist es, ein anderer Mensch zu sein? – Auch das können wir niemals wissen und jede Vorstellung davon wäre subjektiv und damit ebenfalls nicht mit unseren wissenschaftlichen Methoden erkennbar. Zwar können wir argumentieren, dass das Menschsein eines anderen Menschen unserem eigenen Menschsein ähnlich sein könnte, aber damit kommen wir einem echten Wissen nicht näher.

Wie ist es, eine Maschine zu sein? – Nun, auch jede Vorstellung davon ist subjektiv. Mag sein, dass sie sich an der Vorstellung orientiert, wie es ist, ein Tier oder ein Mensch zu sein – schließlich wurden tier- und menschenähnliche Automaten, Roboter oder Androiden in den letzten Jahrhunderten gebaut –, doch es nützt überhaupt nichts, mit solchen Ähnlichkeiten zu argumentieren: Wir können nicht wissen, wie es ist, anders zu sein als wir selbst.

SC HL US S:

KÜ NS TL IC HE
IN TE LL IG EN Z -
EI N
SI CH
ÄN DE RN DE R
BE GR IF F

Diesen Schluss meines Buchs über die vergessenen Geschichten der KI schreibe ich in der Corona-Zeit. Heute ist der 1. August 2020 und noch vor einigen Wochen hätte man als einen schlechten Scherz abgetan, was derzeit Alltag ist: Toilettenpapier und Nudeln wurden gehamstert, Ausgangsbeschränkungen wurden angeordnet und Abstandsregeln eingeführt, Mund-Nasen-Masken zu tragen ist inzwischen gang und gäbe. Weltweit gibt es bis heute schon viele Millionen bestätigte Fälle von Corona-Kranken, und fast eine dreiviertel Million Tote ist bisher zu beklagen. Und die Zahlen steigen schnell weiter.

Die Krise wird sich gravierend negativ auf die Wirtschaftssysteme auswirken, es wird zu Rezessionen kommen, Gesundheitssysteme drohen zu kollabieren, die Arbeitslosenzahlen steigen, soziale Katastrophen sind abzusehen. Und im Moment kann niemand absehen, wie es weitergeht.

So schlimm diese Krise ist, wie schrecklich die einzelnen Schicksale auch sind und wie sehr jeder an diesem Virus verstorbene Mensch zu betrauern ist: Die Menschheit wird überleben, und später wird man oft hören oder lesen: »Wir haben uns das so nicht vorstellen können!« oder »Wer hätte denn das gedacht!«

Undenkbares wurde denkbar, Unvorstellbares wurde vorstellbar. Das zuvor noch Unbekannte ist nun bekannt. Die Diskrepanz zwischen dem Vorher und dem Nachher macht das Neue unvorhersehbar und seine Entstehung erst im Nachhinein verständlich. Unsere Vorstellungskraft reicht nicht aus,

Zukünftiges vollständig zu erfassen; sie wird überrascht, wenn die Welt sich wandelt. Aber die Welt wandelt sich ständig und wir kommen immer wieder ins Staunen. Nicht jeder hätte je gedacht, dass Donald Trump Präsident der Vereinigten Staaten von Amerika werden würde, und viele haben diejenigen ausgelacht, die das damals prophezeit hatten. Aber Donald Trump wurde am 8. November 2016 zum US-Präsidenten gewählt. Kaum jemand hätte im Februar 2019 erwartet, dass in Bayern das Volksbegehren »Rettet die Bienen« von über 1,7 Millionen Wahlberechtigten unterschrieben, und schon gar nicht, dass Ministerpräsident Markus Söder dieses Volksbegehren annehmen würde. Am 4. April desselben Jahres erfuhren wir dann die Neuigkeit, dass Söder und sein Stellvertreter Hubert Aiwanger den Gesetzestext des »Volksbegehrens Artenvielfalt« angenommen haben.

Unsere Welt hat eine Geschichte, und diese Geschichte ist voller überraschender Veränderungen. Solche Veränderungen werden von Zeitgenossen und Leidtragenden, von Nutznießern oder Gewinnlern anders verstanden, wenn sie noch »frisch« und ihr Einfluss oder ihre Prägung noch spürbar sind, als aus einer späteren Zeit heraus oder von unbeteiligten Personen. In der Wissenschaft spricht man von der Möglichkeit ihrer Historisierung.

Insbesondere verändern sich die Begriffe, mit denen wir unsere Welt und die Geschehnisse darin für uns selbst oder auch für andere beschreiben. Menschen benutzen Worte, die für sie Bedeutungen haben. Über lange Zeiträume und für viele Menschen können diese Bedeutungen mit den Worten verbunden bleiben. Es kommt aber auch nicht selten vor, dass die Worte im Verlauf der Zeit eine neue Bedeutung bekommen, und es sind ja wieder Menschen, die ihnen diese neuen Bedeutungen geben und damit einen Begriffswandel bewirken. Solche Entwicklungen zu untersuchen, die Begriffe also in ihren jeweiligen Zeiten zu verstehen, heißt sie zu historisieren.

Kalender bestanden früher aus gebundenen Seiten mit Kunststoff- oder Ledereinband, heute meinen damit die meisten ihre elektronisch geführten Kalenderprogramme.

Die Hilfskräfte, die früher – etwa in der Astronomie und in der Ballistik – immer wiederkehrende Berechnungen für die Wissenschaftler durchführten, wurden damals mit dem Begriff *computer* bezeichnet. In den meisten Fällen waren es Frauen. Heute werden mit diesem Begriff nur noch Digitalrechner, also Maschinen, bezeichnet.

Der Himmelskörper Pluto wurde von dem US-amerikanischen Astronomen Clyde William Tombaugh am 18. Februar 1930 entdeckt. Bis zum 24. August 2006 war er ein Planet, doch an diesem Tag definierte die Internationale Astronomische Union (IAU) den Begriff »Planet« neu. Danach ist Pluto nicht groß genug, um ein Planet zu sein, und deshalb schon seit fast 15 Jahren ein Zwergplanet. Tombaugh musste das nicht mehr erleben.

Bis weit ins 20. Jahrhundert hat man die These vertreten, dass die Menschheit in verschiedene Rassen zu unterteilen sei, man sprach von »Menschenrassen«. Mit diesem Begriff war auch die Idee verbunden, dass die »Menschenrassen« verschiedene Wertigkeiten hätten. Dass dies unsinnig sei, ist Thema der »Jenaer Erklärung«, die anlässlich der 112. Jahrestagung der Deutschen Zoologischen Gesellschaft vom 10. bis 13. September 2019 veröffentlicht wurde. Sie schließt mit den Sätzen: »Auch heute noch wird der Begriff Rasse im Zusammenhang mit menschlichen Gruppen vielfach verwendet. Es gibt hierfür aber keine biologische Begründung, und tatsächlich hat es diese auch nie gegeben. Das Konzept der Rasse ist das Ergebnis von Rassismus und nicht dessen Voraussetzung.«[101]

Gemeinsam mit den Autoren der Jenaer Erklärung hegen viele und auch ich die Hoffnung, dass der Begriff »Menschenrasse« verschwinden wird und dass wir die Anwendung des Begriffs »Rasse« in Zukunft auf nicht menschliche Lebewesen begrenzen. Es wird sich weisen, ob dies so kommen wird. Dann würde die Bedeutung eines Begriffs nur noch bei Gruppen von Tieren mit einer gemeinsamen direkten genetischen Abstammungslinie benutzt und zuweilen auch bei Pflanzen, etwa im Sinne von Sorten. Der Anwendungsbereich des Begriffs »Rasse« erführe dadurch eine wünschenswerte Einschränkung und von dem zusammengesetzten Begriff »Menschenrasse« würde nach Entfernung des Bestimmungswortes (Mensch) nur noch das Grundwort (Rasse) mit anderer Bedeutungsvielfalt übrig bleiben.

Begriffe haben eine Geschichte und es lohnt sich, ihre Geschichte anzusehen und darin ihre Bedeutungsvariationen zu betrachten; das heißt es, Begriffe zu historisieren. Das habe ich in diesem Essay mit dem Begriff »Intelligenz« und den um das Adjektiv »künstlich« erweiterten Begriff »Künstliche Intelligenz« getan: Zunächst hatte »Intelligenz« vor dem 20. Jahrhundert eine weitergefasste Bedeutung als heutzutage. Der anfangs psychologisch angesiedelte Begriff bezeichnete das Denkvermögen eines Lebewesens, sich Wissen anzueignen, es zu behalten und zu sammeln, und die Fähigkeiten, aus dem Denken heraus Kontexte zu verstehen und sich darin zielgerichtet zu verhalten.

Telegrafie und später auch Telefonie führten dann zu der Vorstellung, nicht nur Buchstaben und andere Zeichen, sondern auch dieses Vermögen könnte man codieren und technisch übertragen, Intelligenz sei technisch transportierbar. Wir müssen den damaligen Forschern dabei zugestehen, dass es zu ihrer Zeit noch keine begrifflich scharfen Unterscheidungen zwischen Symbolen, Zeichen und Daten beziehungsweise Nachrichten, Information und Wissen gab. Erst die zum Ende des 19. Jahrhunderts und im 20. Jahrhundert entstandenen wissenschaftlichen Theorien, die Semiotik und die Informations- beziehungsweise Kommunikationstheorie brachten hier Klarheit. Was genau über Telegrafen- oder Telefonleitungen transportiert wurde, hat man zunächst nicht hinterfragt.

Mit der ingenieurwissenschaftlichen Errungenschaft, zwischen Signalen und Nachrichten beziehungsweise ihren Übertragungsmodalitäten unterscheiden zu können, wurde gegen Ende der 1920er-Jahre der Begriff »Information« eingeführt. Das war ein Versuch, das bei der Kommunikation Übertragene genauer zu bezeichnen. »Information« klang vielleicht weniger psychologisch als »Intelligenz«, doch wie wir gesehen haben, war auch dieser Begriff vorbelastet und Warren Weaver hatte darauf aufmerksam gemacht. Dennoch setzte sich »Information« sehr bald durch und der Intelligenzbegriff büßte diesen Bedeutungsaspekt völlig ein. Keine 20 Jahre später kündigte sich für ihn aber ein neuer Bedeutungsaspekt an, als einige Wissenschaftler, Techniker und Philosophen ihr Interesse der digitalen Computertechnik zuwandten und klar geworden war, dass die Möglichkeiten dieser neuen Maschinen weit über das numerische Rechnen hinausgingen. Sie konnten mathematische Sätze beweisen, Zeichen, Formen und Muster »wahrnehmen« und mehr und mehr weitere mentale menschliche Leistungen simulieren. Da liebäugelte so mancher damit, auch solche Computersysteme intelligent zu nennen. Weil es aber eben keine Menschen waren, sondern künstliche Gegenstände, von Menschenhand gefertigte Technik, und vor allem auch weil sie nicht intelligent sind, sondern die Programme, die sie Intelligenz imitieren lassen, künstlich – oder künstlerisch[102] – konstruiert wurden, heißen sie »Künstliche Intelligenz«!

Die nähere Bestimmung des Begriffs Intelligenz durch das Adjektiv »künstlich« ist eine klare und ausdrückliche Beschränkung des Begriffs auf nicht natürliche, nicht lebende, technisch konstruierte Systeme. Das jedenfalls ist die Bedeutung des Adjektivs »künstlich«, und Ähnliches gilt auch für das englische *artificial: man-made, imitated, fabricated, simulated*.

Mit dem zusammengesetzten Begriff Artificial Intelligence haben die KI-Pioniere allerdings auch eine Marketingstrategie verfolgt, denn die Aussicht auf die Konstruktion technischer Systeme, die intelligente Aufgaben übernähmen, die für Mensch (und Tier) gefährlich, ermüdend und langweilig wären, war verlockend.

So setzte sich der Begriff in der zweiten Hälfte des 20. Jahrhunderts durch, ohne dass die Bedeutung des K in der KI deutlich herausgestellt wurde. Ja, oft wurde sie unterdrückt und man sprach von intelligenten oder denkenden Maschinen, gerade so als ob Künstliche Intelligenz und Intelligenz dasselbe wären. So sprechen wir seit Jahrzehnten vom intelligenten Haus, von intelligenten Fabriken, Kühlschränken und Uhren. Heute muss ein beliebiges Gerät lediglich mit einem Chip ausgestattet sein, um intelligent genannt zu werden. Interessant ist übrigens, dass althergebrachte Gerätschaften, die schon längst computerisiert sind, heute nicht mehr intelligent genannt werden: Taschenrechner, Radio- und Fernsehgeräte, CD-Player und Mikrowellenherde beispielsweise gehören – was die Künstliche Intelligenz angeht – zum alten Eisen (oder Kunststoff). Diese Technik ist bald schon gewöhnlich oder gar langweilig geworden. Kein Grund, sie immer noch KI zu nennen! Auch die ersten Computer, also Konrad Zuses Rechenmaschinen (nummeriert von 1 bis 25), Englands »Colossus«, die US-amerikanischen Rechner ENIAC, EDVAC, EDSAC, UNIVAC, MARK I und II wurden kurz nach ihrem Bekanntwerden Thinking Machines genannt. Selbst die Amigas und Ataris und die Personal Computer fallen uns heute aber nicht mehr ein, wenn wir an KI denken.

Wir sollten aber nicht nur an die Hardware, sondern auch und vor allem an Software denken, denn ohne Programme wäre es gar nicht möglich, überhaupt etwas auf der Hardware zum Ablauf zu bringen, Prozesse auszuführen. Dieses Etwas, das da zum Laufen gebracht wird, ist doch die Imitation von intelligentem Verhalten. Die Entwicklung solcher Software ist aber nicht beim Logic Theorist, beim Pandämonium oder beim Perzeptron stehen geblieben. Die letzten Jahrzehnte haben vielerlei Programme zum automatischen Beweisen, Verarbeiten von Symbolen, zur Bild- und Spracherkennung, Diagnose technischer Konstruktionsfehler beziehungsweise Verschleißerscheinungen in technischen Geräten und von Krankheiten in menschlichen und tierischen Organismen hervorgebracht. Sie alle wurden in der Vergangenheit einmal KI genannt, und heute geben wir dieses Label Softwaresystemen, die – auf welchem Rechner auch immer – Schach spielen, und Sprachassistenten wie Alexa, Bixby, Cortana, Echo, Siri, die sogar eine Internetverbindung zu einem entfernten Server brauchen, da dort ihre Software läuft.

Aber alle diese Systeme waren und sind nicht intelligent. Sie können Aufgaben in sehr eng definierten Bereichen bewältigen und Probleme lösen, weil sie über Programme verfügen, deren Durchlauf zu den gewünschten Ergebnissen beziehungsweise Lösungen führen kann. Der Logic Theorist konnte viele mathematische Theoreme beweisen, aber weder Muster erkennen noch Krankheiten diagnostizieren. Und das Pandämonium oder das Perzeptron konnte keine mathematischen Beweise führen und keine Sprache erkennen.

Später waren Expertensysteme imstande, zum Beispiel einige Lebererkrankungen, dann aber weder Herz- noch Lungenkrankheiten zu diagnostizieren. Das zu Recht bekannt gewordene Computerprogramm Watson, das vom DeepQA Research Team der IBM entwickelt wurde, um in Windeseile Fragen zu den Jeopardy-Antworten zu finden, gewann zwar im Februar 2011 gegen bisherige menschliche Champions, ohne Weiteres kann es allerdings auch nichts anderes, als solche Antworten zu analysieren und dann entsprechende Fragen zu stellen.

Sogenannte AI- oder KI-Systeme sind nicht intelligent, es scheint nur so, und dies, weil Menschen sie zu diesem Schein geschaffen haben. Doch der Schein trügt. Dass KI-Systemen Intelligenz zugeschrieben wird, liegt an der Intelligenz von Menschen, und zwar jener, die sie konstruiert haben, und jener, die ihnen Intelligenz zuschreiben.

Ich meine, dass Intelligenz ein Alleinstellungsmerkmal von Lebewesen ist und dass technische Systeme, Computer, Maschinen und Programme deshalb nicht intelligent sein können. Etwas meinen zu können setzt Intelligenz voraus, es bedeutet aber nicht, dass man etwas sicher weiß. Etwas zu wissen setzt ebenfalls Intelligenz voraus. Was Wissen und Meinen trennt, ist der mögliche Irrtum. Legen wir dieses Buch also zur Seite und fragen wir uns, ob ich mich irre.

DA NK

Seit Jahren verwundert mich die unreflektierte KI-Euphorie, die in der Öffentlichkeit, aber auch in vielen Bereichen der Wissenschaft wahrzunehmen war und ist. Nicht Stolz und Freude an den Forschungen und Produkten dieser Technologie, sondern deren oft damit einhergehende unbedachte Gleichsetzung mit Intelligenz waren mir unverständlich. Mir schien allerdings auch, dass ich nur sehr wenige Gleichgesinnte fand in der Skepsis gegenüber künstlich geschaffenen, »intelligenten« oder »denkenden« Systemen. Während der Planung des vorliegenden Textes hat sich das geändert, denn es zeigte sich, dass eine kritischere Sicht der Dinge doch nicht so selten war, wie ich angenommen hatte: Gegen Ende des Jahres 2019 konnte ich für das vom Bundesministerium für Bildung und Forschung geförderte Projekt »IGGI – Ingenieur-Geist und Geistes-Ingenieure: Eine Geschichte der Künstlichen Intelligenz in der Bundesrepublik Deutschland« ein Team zusammenstellen: Florian Müller, Helen Piel, Dinah Pfau und Jakob Tschandl – KI-interessierte junge Menschen, die sehr wohl und sehr fundiert kritisch hinterfragen, was geschrieben und gesagt wurde und wird.

Für ihre ständige Bestärkung, den nun vorliegenden Text zu schreiben und fertigzustellen, danke ich meiner Frau Karin Hutflötz. Dass ich diesen Text in der Büchergilde Gutenberg veröffentlichen kann, verdanke ich Sascha Elspas und Corinna Huffman. Corinna und vor allem der Lektorin Eva Berié danke ich für ihr ungeheuer kundiges und einfühlsames Lektorieren.

RU DO LF
SE IS IN G,

geboren 1961 in Duisburg, studierte Mathematik, Physik und Philosophie. Er promovierte in Wissenschaftstheorie und habilitierte sich für das Fach Geschichte der Naturwissenschaften. Rudolf Seising forschte und lehrte in Deutschland, Österreich und Spanien zu Informatik, medizinischen Computerwissenschaften, Wissenschafts- und Technikgeschichte. Seit vielen Jahren beschäftigt er sich mit dem Thema Künstliche Intelligenz (KI) und leitet seit Ende 2019 am Forschungsinstitut des Deutschen Museums in München das Projekt »IGGI« (Ingenieur-Geist und Geistes-Ingenieure) zur Geschichte der KI in der Bundesrepublik Deutschland. Rudolf Seising lebt in München.

ANMERKUNGEN

Die Abbildungen 2, 3, 6, 7 und 8 sind vom Autor angefertigt worden.

1 The History of the Royal Society of London for Improving of Natural Knowledge From Its First Rise In Which The most considerable of those Papers communicated to the Society, which have hitherto not been published, are inserted in their proper order, As A Supplement To The Philosophical Transactions, By Thomas Birch D.D., Secretary to the Royal Society, Vol. IV, London. Printed for A. Millar in the Strand MDCCLVII, S. 299.
2 Philosophical experiments and observations of the late eminent Robert Hooke, and geom. prof. Gresh, and other eminent virtuoso's in his time by Hooke, Robert, 1635–1703; published by William Derham, W. and J. Innys, London 1726.
3 C. F. Gauß: Brief an A. von Humboldt vom 13. Juni 1833, in: C. F. Gauß: Werke. Herausgegeben von der Königlichen Gesellschaft der Wissenschaften zu Göttingen. Bd. XII, Springer, Berlin 1870...1929.
4 S. F. B. Morse to the Treasury, 27. September 1837, zitiert in: A. Vail: The American Electric Magnetic Telegraph: With the Reports of Congress and a Description of All Telegraphs Known, Employing Electricity or Galvanism, Lea and Blanchard, Philadelphia, PA 1845, S. 70.
5 E. J. Houston: The Electric Transmission of Intelligence: And Other Advanced Primers of Electricity, W. J. Johnston Company Ltd., New York/London 1893.
6 New York Times: »To Revolutionize Telegraphy. The Crehore-Squier Intelligence Transmission Company Organizes and has New Inventions«, 10. Februar 1899; A. C. Crehore, G. O. Squier: Art of Transmitting Intelligence, specification forming part of Letters Patent No. 698,260, 22. April 1902. Application filed November 9, 1896, Serial No. 611,576 (No model).
7 H. Nyquist: »Certain Factors Affecting Telegraph Speed«, *The Bell System Technical Journal*, Vol. III, 1924, S. 324–346: 324.
8 R. V. L. Hartley: »Transmission of Information«. *The Bell System Technical Journal*, Vol. VII (3), 1928, S. 535–563: 535.
9 Ebd.
10 C. E. Shannon: »A Mathematical Theory of Communication«, *The Bell System Technical Journal*, Vol. 27, 1948, Part I: S. 379–423, Part II: S. 623–656.
11 Ebd., S. 381.
12 W. Weaver: »The Mathematics of Communication«, *Scientific American*, Vol. 181, Juli 1949, S. 11–15.

13 C. E. Shannon, W. Weaver: The Mathematical Theory of Communication, University of Illinois Press, Urbana 1949 (Mathematische Grundlagen der Informationstheorie, R. Oldenbourg Verlag, München / Wien 1976).

14 Ch. W. Morris: »Foundations of the Theory of Signs«, in: O. Neurath, R. Carnap, C.W. Morris (Hrsg.): International Encyclopedia of Unified Science, The University of Chicago Press, Chicago, IL 1938.

15 Eigene Zeichnung nach dem Text von W. Weaver (1949).

16 L. Brillouin: Science and Information Theory, Academic Press, New York, NY 1956.

17 P. Rechenberg: »Zum Informationsbegriff der Informationstheorie«, *Informatik Spektrum*, 14. Oktober 2003, S. 317–326.

18 Ebd.

19 C. E. Shannon: »The Bandwagon«, *IRE Transactions on Information Theory*, Editorial, März 1956.

20 N. Wiener: Cybernetics: Or Control and Communication in the Animal and the Machine, MIT Press, Cambridge, MA 1948, S. 32.

21 N. Wiener: »What is Information Theory?«, *IRE Transactions on Information Theory*, Editorial, Juni 1956.

22 R. Burkart: Kommunikationswissenschaft. Grundlagen und Problemfelder. Umrisse einer interdisziplinären Sozialwissenschaft, 3. akt. Aufl., Böhlau, Wien / Köln 1998, S. 417.

23 G. Maletzke: Psychologie der Massenkommunikation, Verlag Hans Bredow-Institut, Hamburg 1963, S. 16. Vgl. auch G. Maletzke: Kommunikationswissenschaft im Überblick. Westdeutscher Verlag, Opladen / Wiesbaden 1998, S. 37.

24 R. Burkart: Kommunikationswissenschaft, Grundlagen und Problemfelder. Umrisse einer interdisziplinären Sozialwissenschaft, 3. akt. Aufl., Böhlau, Wien / Köln 1998, S. 418.

25 B. Badura: Sprachbarrieren. Zur Soziologie der Kommunikation, Verlag Frommann-Holzboog, Stuttgart-Bad Cannstatt 1971. Siehe auch: B. Badura: »Mathematische und soziologische Theorie der Kommunikation«, in: R. Burkart, W. Hömberg (Hrsg.): Kommunikationstheorien. Ein Textbuch zur Einführung (Studienbücher zur Publizistik- und Kommunikationswissenschaft (hrsg. v. W. R. Langenbucher), Bd. 8, Braumüller, Wien 1992, S. 16–22.

26 Eigene Zeichnung nach B. Badura (1971).

27 Abb. aus: C. E. Shannon: Brief an V. Bush, 16. Februar 1938, in: Claude E. Shannon: Correspondences to Vannevar Bush. December 1938 through July 1940. Vannevar Bush Collection, Manuscript Division, Library of Congress, Washington D.C.

28 C. E. Shannon, J. McCarthy (Hrsg.): Automata Studies. Princeton University Press, Princeton, NJ 1956.

29 J. McCarthy, M. L. Minsky, N. Rochester, C. E. Shannon: A Proposal for the Dartmouth Summer Research Project on Artificial Intelligence, 1955, unter: www-formal.stanford.edu/jmc/history/dartmouth/dartmouth.html.

30 Als Teilnehmer am Dartmouth-Workshop wurden genannt (in alphabetischer Reihenfolge): William Ross Ashby, John Warner Backus, Alex Bernstein, Julian Bigelow, Wesley Allison Clark, R. Culver, Tom Etter, Belmont Greenlee Farley, F. B. Fitch, Stanley Phillips Frankel, Herbert Gelernter, David William Hagelbarger, John H. Holland, Donald MacKay, John McCarthy, Warren S. McCulloch, Brenda Milner, Marvin L. Minsky, Edward Forrest Moore, Trenchard More, John Nash, Allen Newell, Walter Pitts, Hans von Rappard, Abraham Robinson, Nathaniel Rochester, Arthur Lee Samuel, David Sayre, Oliver Selfridge, Claude Elwood Shannon, Norman Shapero, Bill Shutz, Kenneth R. Shoulders, Herbert Simon, Ray Solomonoff, Albert Maurel Uttley, Bernard Widrow, Norbert Wiener. Kurzfristig abgesagt haben ihre Teilnahme Shannon, MacKay, Bigelow und Holland. Nachträgliche Einladungen erhielten Gelernter und Samuel, Farley und Clark.

31 A. Newell, H. Simon: The Logic Theory Machine. A Complex Information Processing System, Memorandum P868, 15. Juni 1956, RAND Corporation Santa Monica, CA.

32 S. Ramón y Cajal: Histologie du système nerveux de l'homme et des vertébrés, Maloine, Paris 1909–11, Hachette Livre, Paris 2018.

33 W. Pauli: Brief an R. Kronig, 21. Mai 1925, in: C. P. Enz, K. v. Meyenn (Hrsg.): Wolfgang Pauli – Wissenschaftlicher Briefwechsel, Bd. 1, 1919–29, Brief 89, S. 215.

34 W. Heisenberg: Der Teil und das Ganze, R. Piper & Co. Verlag, München 1969, S. 43. Auch als Taschenbuchausgabe, dtv, München 1976, S. 37.

35 N. Bohr: Brief an A. Einstein am 13. April 1927, abgedruckt in: K.-M. Meyer-Abich: »Die Sprache in der Philosophie Niels Bohrs«, in: H. G. Gadamer (Hrsg.): Das Problem der Sprache, Wilhelm Fink Verlag, München 1967, S. 9.

36 I. Kant: Kritik der Urteilskraft, Teil 2: Kritik der teleologischen Urteilskraft, 1790, in: Immanuel Kant, hrsg. v. W. Weischedel, 2. Aufl., Suhrkamp Verlag, Frankfurt am Main 1996, §75, B 338.

37 Für Details zu N. Rashevsky siehe: M. Shmailov: Intellectual Pursuits of Nicolas Rashevsky. The Queer Duck of Biology, Birkhäuser, Basel 2016.

38 N. Rashevsky: »Mathematical Biophysics«, *Nature*, 6. April 1935, S. 528–530.

39 W. S. McCulloch, W. Pitts: »A logical calculus of the ideas immanent in nervous activity«, *Bulletin of Mathematical Biophysics*, Vol. 5, 1943, S. 115–133.

40 Diese und die folgenden beiden Abbildungen sind eigene Zeichnungen.

41 Abb. aus: C. E. Shannon: »A Symbolic Analysis of Relay and Switching Circuits«, *Transactions of the AIEE*, Vol. 57, 1938, S. 713–723.

42 Abb. aus: ebd.

43 J. von Neumann: First Draft of a Report on the EDVAC, Sect. 2.6, 1945, unter: https://archive.org/details/firstdraftofrep00ovonn.

44 J. von Neumann: The Computer and the Brain, Yale University Press, New Haven 1958 (Die Rechenmaschine und das Gehirn, Oldenbourg, München 1960).

45 J. B. Watson: »Psychology as the Behaviorist Views it«, *Psychological Review*, Vol. 20 (2), 1913, S. 158–177.

46 K. S. Lashley: »Learning: I. Nervous mechanisms in Learning«, in: C. Murchison (Hrsg.): International university series in psychology. The foundations of experimental psychology, Clark University Press, Worcester, MA 1929, S. 524–563; K. S. Lashley: Brain mechanisms and intelligence: a quantitave study of injuries to the brain, University of Chicago Press, Chicago, IL 1929.

47 N. Weidman: »Mental Testing and Machine Intelligence: The Lashley-Hull Debate«, *Journal of History of the Behavioral Sciences*, Vol. 30, April 1994, S. 162–180: 162.

48 K. S. Lashley: »The Problem of Serial Order in Behavior«, in: L. Jeffress, H. Fund (Hrsg.): Cerebral Mechanisms in Behavior: the Hixon Symposium, Wiley, New York, NY 1951, S. 112–146.

49 D. O. Hebb: The Organization of Behavior: A Neuropsychological Theory, Wiley and Sons, New York, NY 1949.

50 B. Milner: »The cell assembly: Mark II«, *Psychological Review*, Vol. 64 (4), 1957, S. 242–252.

51 A. M. Uttley: »Information, Machines, and Brains«, in: *Transaction of the IRE, Professional Group on Information Theory*, Reprint of Proceedings, Symposium on Information Theory, London, England, September 1950, Februar 1953, S. 143–152: 143.

52 B. G. Farley, W. A. Clark: »Activity in Networks of Neuron-Like Elements«, in: C. Cherry (Hrsg.): Information Theory, Papers read at a Symposium on »Information Theory« held at the Royal Institution, Proceedings of the Fourth London Symposium on Information Theory, London, 29. August bis 2. September 1960, S. 242–248: 242.

53 C. Cherry: »Information Theory. Third London Symposium«, *Nature*, Vol. 176 (4486), 22. Oktober 1955, S. 773–774: 774.

54 W. K. Taylor: »Electrical Simulation of Some Nervous System Functional Activities«, in: C. Cherry (Hrsg.): Information Theory. Papers read at a Symposium on »Information Theory« held at the Royal Institution, London, 12.–16. September 1955, Butterworths Scientific Publications, London 1956, S. 314–328.

55 W. K. Taylor: »Measurement and Control in the Human Operator«, *Transactions of the Society of Instrument Technology*, Vol. 9 (3), 1957, S. 104–111: 104.

56 W. K. Taylor: »An automatic system for obtaining particle size distributions with the aid of the flying spot microscope«, *British Journal of Applied Physics*, Vol. 5, Supplement No. 3, Paper G7, 1954, S. 173–175.

57 Abb. aus: W. K. Taylor: Electrical Simulation of Some Nervous System Functional Activities (s. Anm. 55), S. 326.

58 Abb. aus: ebd., S. 316.

59 Abb. aus: US Patent Office: W. K. Taylor, US Patent 3,184,711, Recognition Apparatus, 18. Mai 1965, S. 1.

60 Abb. aus: W. K. Taylor: Electrical Simulation of Some Nervous System Functional Activities (s. Anm. 55), S. 324.

61 O. G. Selfridge: »Pattern Recognition and Learning«, in: C. Cherry (Hrsg.): Information Theory. Papers read at a Symposium on »Information Theory« held at the Royal Institution, London, 12.–16. September 1955, Butterworths Scientific Publications, London 1956, S. 345–353.

62 O. G. Selfridge: Pattern Recognition and Modern Computers, AFIPS '55 (Western) Proceedings of the March 1–3, 1955, Western Joint Computer Conference, Los Angeles, CA, ACM, New York, NY 1955, S. 91–93: 93.

63 O. G. Selfridge: »Pandemonium: A Paradigm for Learning«, in: National Physical Laboratory (Hrsg.): Mechanisation of Thought Processes. Proceedings of a Symposium held at the National Physical Laboratory on 24th, 25th and 27th November 1958 (Symposium No. 10), Vol. I, Her Majesty's Stationery Office, London 1959, S. 511–526.

64 *The Indianapolis Star* from Indianapolis, Indiana, A Publisher Extra Newspaper, 15. Oktober 1953, S. 30.

65 *The Philadelphia Inquirer* from Philadelphia, Pennsylvania, 15. Oktober 1953, S. 19.

66 *Albuquerque Journal*, 16. Oktober 1953, S. 34.

67 F. Rosenblatt: The k-coefficient. Design and Trial Application of a new Technique for Multivariate Analysis, Ph.D. thesis, Faculty of the Graduate School of Cornell University, Februar 1956, S. 48.

68 Cornell Alumni News, 1. Dezember 1953, S. 303.

69 Abb. aus: Cornell Alumni News, 1. Dezember 1953, S. 303.

70 *New York Times*: »New Navy Device learns by doing. Psychologist Shows Embryo of Computer Designed to Read and Crow Wise«, 7. Juli 1958, S. 25.

71 Abb. aus: F. Rosenblatt: »The Design of an Intelligent Automaton«, *Research trends*, Vol. VI (2), 1958, S. 1–7: 2.

72 Ebd., S. 3.

73 Abb. aus: ebd., S. 5.

74 Ebd., S. 4.

75 N. Calder: »The Perceptron: a brain design«, *The New Scientist*, 12. November 1958, S. 1392.

76 *New York Times*: »New Navy Device learns by doing. Psychologist Shows Embryo of Computer Designed to Read and Crow Wise«, 7. Juli 1958, S. 25.

77 A. E. Murray: »Perceptron Conference Discussion«, in: Cornell Aeronautical Laboratory, Inc. MARK I Perceptron press conference records, 23. Juni 1960, Charles Babbage Institute, University of Minnesota, Minneapolis, Collection, Identifier: CBI 48, Box 1 Perceptron, S. 2.

78 D. E. Rumelhart, J. L. McClelland: Parallel Distributed Processing. Explorations in the Microstructure of Cognition. 2 Bde., MIT Press, Cambridge, MA u. a. 1986.

79 J. J. Gibson, P. Olum, F. Rosenblatt: »Parallax and Perspective during Aircraft Landings«, *The American Journal of Psychology*, Vol. 68 (3), 1955, S. 372–385.

80 J. J. Gibson: The Ecological Approach to Visual Perception, Houghton Mifflin, Boston, MA 1979.

81 E. Brunswik: Perception and the Representative Design of Psychological Experiments. 2. rev. und erw. Aufl., University of California Press, Berkeley, CA 1947.

82 Abb. aus: E. Brunswik: The Conceptual Framework of Psychology, University of Chicago Press, Chicago, IL 1952.

83 M. Benesh-Weiner (Hrsg.): Fritz Heider: The Notebooks, Vol. 2: Perception. Psychologie Verlags Union, München 1907, S. 149.

84 F. Heider: »Die Leistung des Wahrnehmungssystems«, *Zeitschrift für Psychologie*, Vol. 114, 1930, S. 371–394.

85 H. G. A. Miller, E. Galanter, K. H. Pribram: Plans and the structure of behavior, Henry Holt and Company, New York, NY 1960.

86 A. M. Turing: »Computing Machinery and Intelligence«, *Mind*, Vol. 49, 1950.

87 A. M. Turing: On Computable Numbers, with an Application to the »Entscheidungsproblem«, Proceedings of the London Mathematical Society, Volumes 2–42 (1), 1936, S. 230–265.

88 R. B. Cattell: Abilities: Their structure, growth, and action, Houghton Mifflin, New York, NY 1971.

89 H. Gardner: Frames of Mind. The theory of multiple intelligences, Basic Books, New York 1983 (Abschied vom IQ. Die Rahmentheorie der vielfachen Intelligenzen, Klett-Cotta, Stuttgart 1991).

90 J. R. Searle: Minds, Brains, and Science, Harvard University Press, Cambridge, MA 1984 (Geist, Hirn und Wissenschaft, Suhrkamp Verlag, Frankfurt am Main 1986, S. 31); J. R. Searle: »Minds, Brains, and Programs«, *Behavioral and Brain Sciences*, 3, 1980, S. 417–457.

91 W. Meinrad: Wer sind die Aufklärer? beantwortet nach dem ganzen Alphabeth / 1: A–L, zweite verbesserte Aufl., Merz, Augsburg 1787.

92 M. Gabriel: Der Sinn des Denkens, Ullstein Verlag, Berlin 2018.

93 W. S. McCulloch: What Is a Number, that a Man May Know It, and a Man, that He May Know a Number? Alfred Korybski Memorial Lecture, General Semantics Bulletin, Nr. 26 und 27, Institute of General Semantics, Lakeville, CT 1961, S. 7–18.

94 H. L. Eno: Activism, Princeton University Press, Princeton, NJ 1920.

95 P. Bousfield, W. R. Bousfield: The Mind and its Mechanism, Routledge, London 1927.

96 W. M. Marston: Emotions of Normal People. Kegan Paul Trench Trubner And Company, S. l., London 1928.

97 J. C. Eccles: How the Self Controls its Brain, Springer, Berlin 1994 (Wie das Selbst sein Gehirn steuert, Piper Verlag, Hamburg 1996).

98 R. Descartes: Principia Philosophiae (Die Prinzipien der Philosophie), übers. von A. Buchenau, Felix Meiner Verlag, Hamburg 1992, Teil I, § 9.

99 J. O. de La Mettrie: L'Homme-Machine. 1748 (anonym) (Die Maschine Mensch, hrsg. von C. Becker, Felix Meiner Verlag, Hamburg 2009).
100 Th. Nagel: »What Is It Like to Be a Bat?« *The Philosophical Review*, Vol. 83 (4), 1974, S. 435–450.
101 M. S. Fischer, U. Hoßfeld, J. Krause, St. Richter: Jenaer Erklärung. Das Konzept der Rasse ist das Ergebnis von Rassismus und nicht dessen Voraussetzung, unter: www.shh.mpg.de/1464864/jenaer-erklaerung.
102 Donald E. Knuth, einer der berühmtesten Informatiker in den USA, nannte sein mehrbändiges Werk, das er 1968 zu schreiben begann und an dem er immer noch weiterschreibt, »The Art of Computer Programming«.

Originalausgabe für die Mitglieder der Büchergilde Gutenberg

Alle Rechte vorbehalten

© 2021 Büchergilde Gutenberg Verlagsgesellschaft mbH,
Frankfurt am Main, Wien und Zürich

In wenigen Fällen konnten wir die Rechtegeber der Abbildungen trotz intensiver Bemühungen nicht ausfindig machen. Diejenigen, deren Rechte ggf. berührt sind, werden freundlich gebeten, sich mit der Büchergilde Gutenberg in Verbindung zu setzen.

1. Auflage 2021

Lektorat: Eva Berié
Gestaltung, Herstellung: GROOTHUIS. Gesellschaft der Ideen und Passionen mbH
für Kommunikation und Medien, Marketing und Gestaltung, groothuis.de

Druck und Bindung: CPI-books, Leck
Printed in Germany

ISBN 978-3-7632-7234-1

Büchergilde Gutenberg
Stuttgarter Straße 25–29
60329 Frankfurt am Main
Tel. 069-273908-0
service@buechergilde.de
www.buechergilde.de
Facebook: Büchergilde
Instagram: buechergilde